# MULHERES DE 50

Daniela Di Segni – Hilda V. Levy

# MULHERES DE 50

## Pequeno manual ilustrado de sobrevivência

Editor
*José Nazar*

Companhia de Freud
editora

TÍTULO ORIGINAL
*Mujeres de 50 pequeño manual ilustrado de supervivencia*



EDITORAÇÃO ELETRÔNICA
*FA - Editoração Eletrônica*

TRADUÇÃO
*André Luis de Oliveira Lopes*

REVISÃO
*Jasna P. Sarahan*

EDITORES RESPONSÁVEIS
*José Nazar*

DESENHO DA CAPA
*Marília L. de Chimondeguy*
*Isabel Rodrigué*

ILUSTRAÇÕES INTERIORES
*Hilda V. Levy*

*Rio de Janeiro, 2003*

FICHA CATALOGRÁFICA

D639m
Di Segni, Daniela
[Mulheres de 50. Português]
Mulheres de 50 : pequeno manual ilustrado de sobrevivência / Daniela Di Segni, Hilda V. Levy ; [tradução: André Luis de Oliveira Lopes]. – Rio de Janeiro : Companhia de Freud, 2003.
156 p. ; 21 cm
Tradução de : Mujeres de 50
Inclui bibliografia
ISBN 85-85717-72-6

1. Mulheres de meia-idade. I. Levy, Hilda V. II. Título

CDD-305.4

Companhia de Freud
editora

ENDEREÇO PARA CORRESPONDÊNCIA
Rua da Candelária, 86 - 6º andar
Tel.: (21) 2263-3960 • (21) 2263-3891
Centro - Rio de Janeiro
e-mail: ciadefreud@ism.com.br

*Às nossas contemporâneas, as mulheres que nasceram por volta do tão célebre verão de 42, sobreviventes de um somatório de mudanças, exigências e expectativas poucas vezes vistas na história da mulher.*

*Aos homens de nossa geração, vítimas assustadas e inevitáveis de todas as nossas mudanças, ajustes e contradições.*

# Índice

# Agradecimentos

A todas as nossas parentas, amigas, conhecidas, pacientes, companheiras de ateliê e de trabalho que, sabendo ou não, foram fonte de inspiração, objeto de estudo, ponto de apoio e motivo de consolo.

A nossas mães, que em algum lugarzinho nos puseram a capacidade para buscar outros caminhos quando os seus parâmetros deixaram de estar em vigor.

# Prólogo a quatro mãos

*Como sempre me preparo para o que deveria me acontecer*
*nunca estou preparado para o que me acontece.*
*Antonio Porchia*

Estimada contemporânea:

É triste, porém nem sequer sabemos como chamá-la. Para as academias você pertence à turma da terceira idade; se você se inscreve em competições esportivas é veterana; os médicos amáveis a chamam de idosa, os outros de anciã; para um marido típico você é equivalente a duas de vinte e cinco, para um tipo inteligente você é uma menina madura de primeira; para os seus filhos você é a velha; para suas amigas, uma das meninas.

Supomos, com certa lógica, que se você está lendo este livro é porque está próxima ou já chegou à década dos cinqüenta. Pode, portanto, escolher percorrê-la por conta própria ou seguir as instruções deste guia prático que pretende evitar-lhe alguns tropeços fortíssimos (ou ao menos, acompanhá-la com humor nos momentos difíceis). Como diz a capa, este livro é na realidade um manual de sobrevivência que tem como meta principal facilitar e tornar mais suportável o seu percurso. (Isso, desde que você o leia antes da emergência e não como o manual da geladeira que você só consulta quando o gelo está derretendo).

## Aprender, aprender

Uma das aprendizagens desta década é se dar conta de que a vida, definitivamente, não tem um borrador (ou é um borrador, como disse Sabato[1]). Ou seja, que o que se escreve em suas páginas tem poucas possibilidades de correção, o que sem dúvida não te ajuda a relaxar. A esta altura o ensaio e o erro já cobraram o seu preço. E como se fosse pouco você pertence a uma geração que foi induzida a conviver com um endeusamento absoluto da juventude, mas à qual ninguém disse o que fazer com a maturidade e a velhice tão pouco favorecida nestes dias.

Você também faz parte, quase sem exceção, de uma geração de Susanitas[2] reprimidas que teve que se adaptar, entre muitas outras coisas, a uma ilimitada multiplicidade de papéis, que chegou tarde ou não chegou à maior liberdade sexual do século, mas que teve que enfrentar, sem

---

1 "Mesmo que seja terrível de compreender, a vida se faz em um borrador, e não nos é dado corrigir suas páginas." [Aunque terrible es compreenderlo, la vida se hace en borrador, y no nos es dado corregir sus páginas"] *Antes del fin*, Ernesto Sabato, Seix Barral, Buenos Aires, 1998.

2 Amiga da Mafalda, personagem criada pelo humorista argentino Quino, Susanita é a menina convencional que só espera casar-se e ter uma família.

moleza, a liberdade sexual de seus filhos. Porque em algum momento o projeto de nossas mães mudou e chegaram, em uma rápida sucessão, os hippies com o amor livre e as flores, o compromisso com as ideologias sociais, a preocupação ecológica, o afã de independência econômica, a busca de êxito pessoal e um consumismo merecedor de vergonha que nos faz desejar o tempo todo objetos de obsolescência imediata. De um dia pro outro você se sentiu pressionada a iniciar uma carreira, fizeram você se sentir incomodada por ser dona de casa e "nada mais" e passou a sentir as inevitáveis torrentes de culpa que provocavam o abandono dos seus filhos, ainda que por poucas horas.

Você teve que ficar informada para se sentir em dia, atualizada para acompanhar o seu marido em sua carreira profissional, resistir a jantares ou viagens de trabalho para que ele construísse o seu mundo, usar touca ou bóbi, saia longa ou minissaia de acordo com o ano, estar sempre magra e ativa. Também podia não fazer nada disso, mas então se sentia péssima.

Seus filhos não foram simplesmente ao colégio do bairro e jogaram bola na rua ou brincaram de boneca com a vizinha. Foram à psicopedagoga e à psicóloga, ao judô e ao ortodontista, ao tae-kwon-do e ao teatro, à pintura e às danças, ao caratê e à expressão corporal, ao jardim de infância, ao pré-escolar, ao primário e ao segundo-grau, com idiomas e atividades extracurriculares. Para estarem mais bem armados do que nós, claro, para este mundo globalizado e de plástico para o qual nós não estávamos preparadas e para o qual eles seguramente tampouco estarão, porque a qualquer momento tudo voltará a mudar em uma direção inesperada.

## Uma viagem pela frente

Nas páginas seguintes lhe proporcionaremos iniciar e compartilhar um percurso até a descoberta de si mesma, no sentido mais profundo da palavra. Na realidade, será uma viagem parecida com a de Colombo, em uma caravela desajeitada (sua própria carroceria) através da qual esperamos que você chegue sã e salva a um novo mundo. (Por favor, quando ouvir gritar: "terra!", não vá buscar o aspirador de pó como de costume.)

Inicia-se então, com o seu aniversário número cinqüenta, uma viagem que dura uma década e mesmo que você tome este livro como bússola, é bom que saiba que o norte não fica para todas no mesmo lugar. Como em outras viagens, você se sentirá nervosa antes da partida, um pouco de angústia pelo que fica para trás e de curiosidade pelo que te aguarda mais adiante. Terá dias bons e tranqüilos e outros de impaciência. Algumas vezes parecerá que você está perdendo o trem e outras, sentirá que um DC-10 está te esperando na pista. Como em qualquer viagem, em alguns momentos você se sentirá eufórica e maravilhada, e em outros indisposta e sem vontade de olhar a paisagem. Algumas vezes não saberá que direção tomar e em outras terá clara a meta, mas não saberá que transporte lhe convém. Como em todas as viagens, é fundamental saber claramente aonde se quer chegar.

Isso sim, agora, à diferença de outras ocasiões (quando você se casou, quando teve seus filhos, quando se divorciou ou enviuvou), este manual insubstituível lhe contará como são as coisas, quais são as regras do jogo. Se depois de lê-lo ainda lhe parece terrível estar entrando na quinta década, pedimos para você refletir sobre um pequeno detalhe: Como você vai se sentir quando sair dela?

Seja como for, que estes anos se tornem os melhores de sua vida e te abram os portões da próxima década ou que sejam um beco acidentado que te leva a uma parede depende, uma vez mais, exclusivamente de você.

Bem-vinda a bordo, irmã.

DANIELA DI SEGNI
HILDA V. LEVY
*Buenos Aires, fevereiro de 1999*

## Instruções para o uso deste manual

1. Leia atentamente este manual antes de começar a sua quinta década de vida. Se já a iniciou, pule os parágrafos que não forem adequados.
2. Para sua segurança e bem-estar pessoal é importante que você tenha um bom fio terra.
3. Respeite as instruções de uso de todos os seus mecanismos físicos e mentais, para os quais não regateie em pedir ajuda ao seu médico, conselho ao seu psicanalista e orelha aos seus amigos.
4. Comandos e controles: é um bom momento para inutilizar os comandos relacionados às ordens inúteis. Do mesmo modo, é muito conveniente afrouxar todos os controles até uma intensidade suficiente para divertir-se.
5. Colocação em funcionamento: todos os seus componentes têm usos específicos para os quais foram desenhados (muito especialmente o cérebro e o coração).
6. Todas as suas superfícies têm que ser tratadas com produtos adequados.
7. O fornecimento de energia é importante mesmo que o consumo seja menor do que há alguns anos. (Isso não significa que diminua a potência de saída.)

8. Fonte de alimentação: qualquer uma é boa, um marido, um ex-marido, um amante, o seu próprio esforço.
9. Dentro das possíveis formas de comunicação considera-se especialmente desaconselhável a chamada no modo conferência*. Tampouco se recomenda, por ser deprimente, a chamada em espera. No caso de ocupado ou sem resposta pode-se tentar algum tipo de terapia.
10. Diante de uma grave crise conjugal é possível que não te reste outro recurso senão desligar o interruptor.
11. Ventilação: dado que esta necessidade aumenta durante este período, lhe aconselhamos ler o capítulo específico detalhadamente.
12. No caso de falhas, de problemas ou de transtornos, você deverá chamar somente um serviço médico/psicológico autorizado. (Veja o Capítulo 5).

ADVERTÊNCIA — Nem sempre o aspecto exterior do objeto em estudo coincide com o modelo original. Isto pode dever-se a que algumas peças tenham sido substituídas e/ou modificadas, ou apresentem a deterioração que se espera pelos anos de uso.

NOTA — Toda semelhança com pessoas e fatos da realidade é absolutamente intencional, caso contrário este manual não seria confiável. Para isso, contou-se com colaborações valiosíssimas que o enriquecem e o fazem incomum.

---

* No original *conferencia tripartida*, refere-se ao um serviço oferecido pela empresa de telefonia que permite que mais de duas pessoas conversem em uma mesma ligação (N.T.).

INFORMAÇÃO PARA AS CONSUMIDORAS — O material contido neste livro é de baixa caloria, absolutamente natural, orgânico e não contém conservantes nem sabores artificiais.

TERMOS DE GARANTIA — A leitura e a aplicação correta deste manual garante bons resultados durante um período de dez anos. Um uso supercuidadoso pode acrescentar gratuitamente dois ou três anos.

## Capítulo 1

# Descrição do objeto em estudo geralmente chamado "A cinqüentona"

*Eva não pode assumir que completa cinqüenta,*
*diz que completou quarenta e dez.*

Sendo de vital importância verificar com exatidão se a cinqüentona pertence estritamente à faixa etária em estudo, considera-se fundamental submetê-la a uma prova que a enquadre. Deste modo cumprir-se-á o requisito básico de sua situação cronológica.

## TAT. TESTE DE APLICAÇÃO TOTAL PARA SABER SE VOCÊ TEM CINQÜENTA ANOS

O teste apresentado em seguida é fruto de uma cuidadosa avaliação técnico/científica a partir de uma mostra suficientemente numerosa e representativa de exemplares da espécie. Mesmo que esta possa ser quantificada de maneiras distintas, é bom esclarecer que basta responder sim aos primeiros cinco pontos para ser considerada fidedignamente cinqüentona. (Isto é o que se denomina vulgarmente AVA-Teste, Teste de Avaliação Abreviada. *Só você conhecerá o resultado.*)

- Se você escreveu na escola com pena, mata-borrão e tinteiro que não entorna
- se você tinha uma caixinha vermelha de "Tira-tinta"
- se te perguntavam: "De quem você gosta mais, do papai ou da mamãe?"
- se na esquina da sua escola havia uma guarita de vigia
- se o leiteiro vinha a sua casa e deixava uma garrafa de vidro verde com tampinha redonda de papelão

- se não deixaram você usar meias 7/8 até o primeiro ano do segundo grau
- se você usou suas primeiras meias 7/8 com uma cintaliga que se incrustava na barriga

- se quando você completou quinze anos usavam-se as saias godê guarda-chuva e os conjuntos de banlon
- se você escutava "Tarzan" e "Los Pérez García"*
- se compravam a sua roupa na Gath y Chaves**
- se você usava desodorante Odorono*** e manchava a roupa de cinza
- se você teve que suportar o "número vivo"**** antes do filme
- se você se lembra de quando não fazia falta um curso universitário para escolher um iogurte
- se você se recorda com nostalgia dos dias em que um rolo de papel higiênico tinha 74 metros

- se você acha que deveria ir a praia usando meia-calça para dissimular a flacidez
- se você usa um número ou dois a mais de calçado do que há quinze anos
- se você tem que ir tingir as raízes do cabelo a cada três semanas
- se alguns dias pela manhã ao levantar-se parece que você sofre um ataque terminal de rugas
- se você esquece todos os nomes de parentes, amigos ou conhecidos, mas recorda todos os detalhes de suas vidas
- se você se convenceu de que caminhar de manhã é ótimo para não admitir que leva dez minutos para por o esqueleto em movimento

---

* *Los Pérez García* é o título de uma radionovela argentina dos anos 50, protagonizada por uma família que vivia uma série de dramas (N.T.).

** Loja de roupas que na década de 50 possuía um catálogo infantil, onde eram encontradas as famosas roupas de marinheiro com as quais as crianças eram vestidas para fotos (N.T.).

*** Odorono foi o primeiro desodorante lançado na Argentina (N.T.).

**** Na década de 50, antes do início de um filme era comum que os cinemas promovessem a apresentação de atores e músicos (N.T.).

- se você acha que o rosto está caindo (e os peitos, a bunda, a barriga)
- se anda olhando as suas amigas para ver quem está melhor ou pior do que você
- se você usa roupa 48 e te olham com se você fosse extraterrestre nas lojas de roupa

- se a todo o momento você diz para a sua filha "Quando eu tinha a sua idade..."
- se você tem uma secretária eletrônica, mas não sabe gravar a mensagem de saudação
- se você tem um videocassete, mas não pode gravar o seu programa preferido
- se você se recorda com nostalgia do ilustre Wincofon* com apenas dois botões
- se você tem um computador e nunca entende nada do que te explicam os professores de vinte anos que falam rapidíssimo como se você soubesse
- se você aprendeu usá-lo e vive aterrorizada se por acaso acaba a tinta do cartucho, ou o disquete não gravou, ou se tudo o que você escreveu se perdeu para sempre

- se você tem que colocar os óculos para ler as manchetes dos jornais quando anunciam a queda das bolsas mundiais
- se não lhe servem os óculos de perto, nem os de longe e nem os multifocais
- se você sente que está entre a cruz e a espada, a exigência dos seus filhos e as necessidades dos seus pais
- se você sente que não sabe quando vai ser a sua vez
- se você se lembra de quando os homens cediam o assento às mulheres no ônibus, de quando não se conge-

---

* Wincofon é a marca de um toca-discos (N.T.).

lava comida, das fraldas que eram lavadas e fervidas, das cópias com papel carbono na Olivetti Lettera 22...

... você é uma cinqüentona companheira!

## O NASCIMENTO. UM CASO CLÍNICO

Mesmo que a área obstétrica não seja de estrito interesse em relação ao período coberto por este manual, devemos esclarecer que a importância deste testemunho tão cruel e realista é um elemento básico para medir o impacto emocional que produz o nascimento da cinqüentona.

Um dia, Clelia L. se sentiu estranha. Suas amigas mais velhas sorriam e se cutucavam. Finalmente, sua melhor amiga a "alertou" com um sorriso que mesclava comiseração e cumplicidade, dizendo: "Clelia, você está grávida dos seus cinqüenta anos." Isto levou-a a consultar imediatamente um especialista. O que se segue é o diálogo que se desenrolou entre eles:

Especialista: Qual é o motivo de sua consulta?

Clelia: Estou em uma situação delicada, vou dar a luz aos meus cinqüenta anos.

E: Quando foi o seu último aniversário da quarta década?

C: Faz onze meses, vinte e nove dias e vinte e três horas.

E: É a primeira gestação?

C: Certamente! É a primeira vez que vou fazer cinqüenta anos.

E: Teve algum aborto anterior?

C: Jamais! Tive todos os meus anos. Até agora jamais retirei nenhum.

E: Tem sentido mal-estar?

C: Ultimamente, náuseas quando me olho no espelho, me levanto ou quando tenho que colocar o maiô no início do verão.

E: E taquicardia?

C: Sim, quando subo na balança.

E: Enjôo?

C: Quando tiro as sapatilhas e subo nos saltos de dez centímetros.

E: Sensação de sufocamento, de opressão?
C: Sim... quando ponho o jeans de cinco quilos atrás.
E: Desejos?
C: Sim... às vezes sinto o desejo de experimentar a camisa de malha de minha filha ou o boné do meu filho, com a viseira para trás.
E: É uma gravidez desejada?
C: Para quê vou enganá-lo. É uma situação inesperada, veio de surpresa. Eu, na verdade, me cuidei, me cuidei sempre.
E: Como se deu conta do seu estado?
C: Já no ano passado quando completei quarenta e nove vi-o aproximar-se. Mas você sabe como são estas coisas, é-se sempre a última a saber.
E: Com que métodos se cuidou?
C: Com cremes rejuvenescedores, liposomas, tintura, dietas, ginástica... já sabe, o usual.
E: Tentou ocultar esta situação?
C: Vou ser sincera: tratei de modificar em meus documentos a data do meu nascimento. Também pensei em sair do país e passar o aniversário fora para que ninguém percebesse a minha vergonha. Até pensei na possibilidade de tê-los e dá-los a outra que os criasse para mim... Mas ninguém quis adotá-los. Todas tinham os seus. Depois me dei conta de que evitá-los era impossível, que minhas amigas não iam me perdoar jamais, assim ponderei e decidi prosseguir. E, para lhe ser franca estou orgulhosa de minha decisão. Tratarei de seguir adiante com eles... mesmo que me joguem na cara que são enjeitados. Cinqüenta anos enjeitados!

E: Está se preparando de algum modo? Alguma terapia de apoio?
C: Tratei de me inscrever em um curso de "aniversário sem dor", mas depois desisti. A maioria das minhas amigas passou por isto e têm me aconselhado. Serei forte!
E: Já preparou o enxoval?
C: Bastante jovial!
E: Vai lhes dar o peito?
C: Vou dar ao peito, a barriga e a bunda: ginástica, jogging, musculação, tai-chi...
E: (Olha o relógio) Querida, está na hora, creio que já começa o trabalho de parto e logo começarão as contrações.
C: Sim, já sinto a cervical contraída.
E: Relaxe, relaxe e empurre porque já chegam os cinqüenta!
C: Sim, sim!
E: Já despontam as ruguinhas! Empurre! Empurre! Já esta saindo a flacidez e a celulite! Aqui estão os seus cinqüenta anos!
C: São saudáveis?
E: Sim, olhe-os, sinta-os.
C: (Emocionada) Meus cinqüentinhas queridos, venham com a mamãe!

## Reflexões de uma cinqüentona

Quando estava para completar cinqüenta anos, Juanita F. ficou deprimida. Aconselhada por suas amigas mais velhas decidiu inscrever-se em um ateliê de poesia. O poema épico seguinte é uma mostra cabal da utilidade dos ateliês literários.

Ao longo de minha vida
cultivei amigas espertas
as quais eu consultei
e obtive boas respostas.
E quando sem me dar conta
ao aproximar-se o dia
de completar eu os cinqüenta
as minhas "boas amigas"
urgiam e aconselhavam
que festejá-los devia.
Algumas me perseguiam,
e todas muito satisfeitas
pelo que a mim acontecia,
muito perversas perguntavam:
Como não ia festejar
tão solene e magna data?
É assim como a festa
que já foi impossível evitar,
rapidamente foi se gestando
e não me perguntem quando
nem como me transformei,
o certo é que gostei muito
de podê-lo celebrar.
Porque...
Depois de tudo, irmãs
não é tão terrível afiliar-se
a este clube de veteranas:
é questão de concentrar-se
e esquecer-se das pequenas dores.
Vestir-se com roupa atual,
ginástica pela manhã,
beber água mineral,
tintura para as cãs

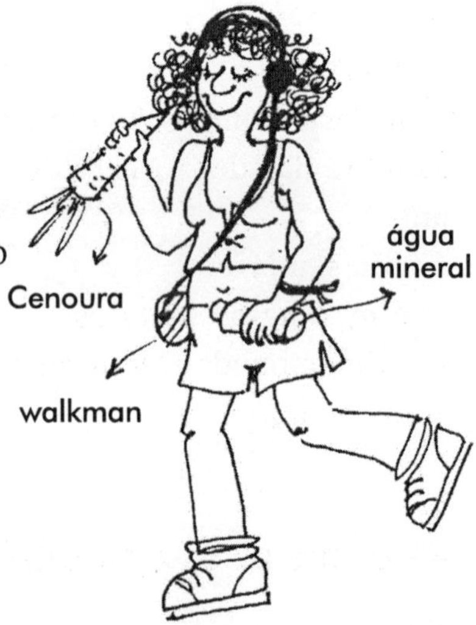

e cálcio para os dentes.
Nada de usar óculos!
Para ver bem: cenouras.
E depois nada é diferente!
Os anos não passaram para mim!
Sinto-me uma adolescente!
Adolescente!
*Adolesço** de memória[3]
de agilidade e paciência.
*Adolesço* de ingerência
no mundo dos meus filhos
e mesmo que tenha inteligência
e mesmo que esteja bem informada,
eu já não opino nem escolho,
"A velha não sabe nada!"
*Adolesço* de interesse
pois ninguém de mim necessita
e uma dúvida existencial
em minha mente se suscita:
Não sou jovem nem velhinha.
Não serei uma marginal?
Para dizer a verdade,
— e isto já é coisa muito séria —
não sou da terceira idade,
serei da segunda e meia?
Porém nem tudo está ruim
quando a esta idade alguém chega.

---

* Jogo de palavras em que as autoras utilizam o verbo *adolecer (adoecer, padecer)* e fazem alusão a *adolescer.* Aqui, portanto, guarda o sentido de *uma perda*, como sofrer da perda de memória (N.T.).

3 Nos vemos obrigadas a esclarecer que o jogo de palavras descarta intencionalmente a etimologia.

Muitas vantagens eu tenho
ainda que o problema crucial
é que não as recordo!
E já por outro lado
aconselho as minhas colegas
e as que logo serão,
que mesmo que lhes doa as costas,
não digiram bem o pão,
e mesmo que percam o dente ou o molar,
a carne lhes faça mal
ou sofram de obstrução intestinal
e contratura cervical
e tenham palpitações
ou uma infecção renal,
se entre seus argumentos candentes
está a obra social,
se o colesterol sobe
ou abaixa a pressão
e aparecem os atrasos
com ondas de calor
e se sentem meio mortas...
engrossando a legião
das sócias deste clube
que agrupa as de cinqüenta
gritemos todas contentes:
Basta somente a saúde!

## Categorização clínica da cinqüentona. Psicologia evolutiva desta etapa

Nas páginas seguintes revisam-se os aspectos mais importantes do ciclo evolutivo da cinqüentona típica.

Mesmo que em raros casos algumas destas características não sejam reconhecidas pela população em estudo, este fato não faz mais do que reforçar a premissa de que algumas exceções confirmam a regra.

## 1) Dentição

Em etapas anteriores os dentinhos de leite haviam caído (para a satisfação das fadinhas) dando lugar aos dentes definitivos, à ortodontia, às cáries e a fluoração (para satisfação dos dentistas).

Se sua cunhada lhe falou de uma "raspagem" não pense em aborto, pense em piorréia.

Nos meados desta etapa pode-se observar que os dentes (não tão definitivos...) são substituídos por coroas, dentes de porcelana, pontes e implantes, nessa ordem (para a satisfação dos especialistas).

## 2) Motricidade e sinestesia

- Aparecem as contraturas.
- Exige interesse e supremacia "a cervical" cuja existência em etapas anteriores era menos notável.
- Um pequeno e incomodo broto de joanete costuma ser notado em um ou em ambos os pés. Os sapatos que eram tão cômodos no passado agora não calçam (fato que envergonha a cinqüentona, não só física como também moralmente, e que ela trata de dissimular).

Um caso real ilustra esta situação: Mirta P. jamais pode assumir seus joanetes. Referia-se a eles como Halux Valgus, como se falasse de uma samambaia exótica.

## 3) Funcionamento intestinal

Assim como nos primeiros anos de vida o funcionamento intestinal do bebê cobra suma importância para ir diminuindo em interesse até os anos da juventude, neste período volta a ser um ponto de atenção e cuidado. O tema predomina nas conversas entre amigas e começa um tráfico de receitas de comidas com fibras, dietas com ameixa, laxantes e chás de piñuli.*

## 4) Etapa lúdica

O crescente e preocupante tempo livre é preenchido com uma nova e profunda vocação para a atividade lúdica,

* Erva cujo chá produz um efeito laxativo (N.T.).

uma vez que em alguns casos a esportiva vai decrescendo. É por isso que podemos observar um acréscimo de cinqüentonas nos torneios de Buraco, Scrabel, Gamão e Bridge.

## 5) Área sócio-cultural

Paralelamente, nas cinqüentonas que não necessitam ganhar a sua subsistência, surge uma inclinação notável para os cursos que a princípio tomam a forma de uma correria para ocupar o tempo livre. Neste período a cinqüentona inicia sucessivas e ávidas inscrições em cursos e ateliês que vão desde computação, desenvolvimento da auto-estima, cozinha afrodisíaca e pintura sobre madeira até Tarot, dança flamenca e técnicas rústicas.

## 6) Mudanças fisiológicas. Climatério

Durante o decorrer da primeira metade deste ciclo começam a aparecer alguns sintomas:

A. Primários e observáveis

B. Secundários e intuitivos

### *A. Sintomas primários*

*a) Os calores*

Não confundir com "o calor", cuja aparição é lenta, centrípeta (quer dizer de fora para dentro) e produzida pelo aumento da temperatura ambiente. "Os calores" são holísticos, abruptos e centrífugos (de dentro para fora). Crescem com a força de um vulcão umedecendo a pele e desaparecem. Alguns antídotos para isto podem ser:

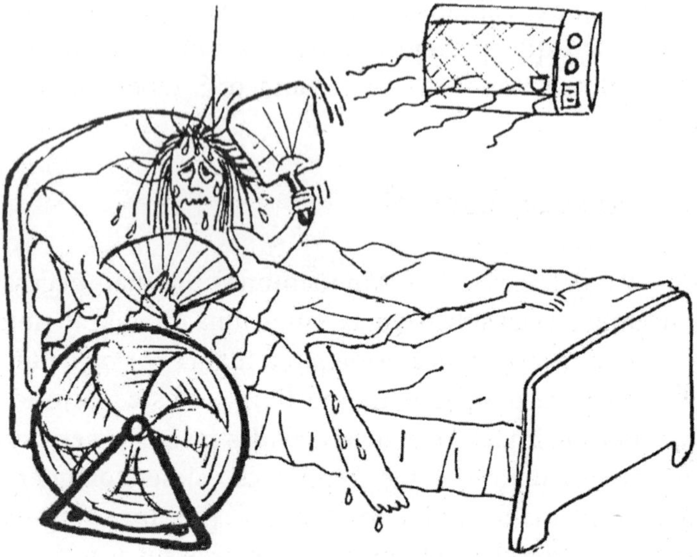

* hormônios (consulte o seu médico)
* leque
* lencinho
* água e folhas (*agüentar* e se *fo*der)

Caso real: Marta H. foi descoberta por seu marido abanando-se compulsivamente com dois leques de uma vez. Nem por isso perdeu a compostura e, longe de sentir-se incomodada, começou a cantar "Locomía"[4].

## b) Desaparecimento do período

Curiosamente, a mesma mulher cujo humor foi arruinado quando a menstruação apareceu em um momento inoportuno (festa, viagem, fim de semana na praia),

[4] Conjunto musical que utilizava grandes leques em suas apresentações e que popularizou uma canção do mesmo nome.

ao longo de um lapso médio de 500 meses, agora sofre pela perda do estorvo. Esta síndrome característica da menopausa costuma chamar-se, vulgarmente, gataflorismo*.

Casos verídicos: Norma G. havia comprado em uma oferta duas caixas de absorventes tamanho super, quando ocorreu o desaparecimento do período. Seu espírito econômico a levou a usá-los como ombreiras com grande êxito.

Susana F. sempre leva em sua bolsa um caixinha de O. B.[5] a qual ostenta sempre que pode. Diz que isso a faz se sentir mais jovem.

*Nota*: percebemos que algumas mulheres mais que cinqüentonas trazem este manual nas mãos e à vista para suprimir os anos.

## B. Sintomas secundários

a. Mudanças de humor
b. Irritabilidade
c. Transtornos do sono
d. Outros argumentos que a cinqüentona pode usar para atrair a atenção de sua família.

*Nota*: É pertinente esclarecer que estes sintomas nunca serão comparáveis e nem suficientes para competir com o estado de ânimo do marido da cinqüentona quando o seu time de futebol favorito perde.

---

* *Gataflorismo* é um termo intraduzível que significa insatisfação total e constante. Deriva de um dito popular portenho: Es como la Gata Flora, / cuando se la ponen grita, / cuando se la sacan llora. (N.T.)

5 Marca conhecida de absorventes internos femininos.

## 7) Vida sentimental

As dúvidas emocionais, seguidas pelos conflitos e postergações da época de educação de seus filhos dão lugar, nesta etapa, à consciência plena das disciplinas pendentes e das expectativas não correspondidas.

Surge então uma nova subclasse de cinqüentonas que deseja reivindicação e reconhecimento, na qual podem-se detectar dois grupos:

a) As sofredoras-queixosas (que não desejam mudar nada e só desejam se queixar).
b) As queixosas-ativas (que querem mudar tudo e não deixam disciplinas pendentes sem concluir).

## Teste: Você é uma cinqüentona assumida?

O que se segue é um teste metodológico importante para definir o nível de tolerância por parte das mulheres em estudo. Como em outros exames deste tipo, nos quais se aplica a técnica de *múltipla escolha*, pede-se que as interessadas se concentrem profundamente antes de dar as respostas.

### 1. Leitura

Ao escolher o material:

A. Você prefere revistas da moda tipo *Rolling Stone*?
B. Você compra todos os livros de auto-ajuda que vê?
C. Você consulta o livro médico do plano de saúde?

## 2. Esportes

Você pratica:
A. Patinação.
B. Golf.
C. Bocha.

## 3. Vocabulário

Se você ouve a palavra “disco”:
A. Pensa em ir dançar num danceteria ou discoteca.
B. Lembra que tem que fazer as compras.[6]
C. Relembra de um long-play de vinil para escutar no três em um.

## 4. Veraneio

Escolhe:
A. Treking e rafting em Mendoça ou acampamento em Cabo Polonio.
B. Punta del Este, Mar del Plata, Miami.
C. Rio Hondo, Copahue*.

[6] Nome de uma cadeia de supermercados.

* Trata-se de duas estâncias termais (N.T.).

## 5. Loja de roupa íntima

Você compra:
A. Sutiã e biquíni.
B. Corpete e calcinha.
C. Sutiã e cinta.

## 6. Para dormir

Prefere:
A. Camisola de cetim ou camiseta e short.
B. Camisão de algodão (o nylon te dá alergia e o raso te faz transpirar).
C. Camisão de frisa.

## 7. Na hora de buscar mudanças

Decide que precisa de:
A. Psicanálise.
B. Cirurgião plástico.
C. Curandeira.

## Resultado do teste

*Maioria de A:* Você é uma cinqüentona "júnior", das que quando era menina e lhe perguntavam: "O quê você quer ser quando crescer?" respondiam: "Menina". Mas, atenção! Você não está na categoria de "Por trás colégio, pela frente museu"?

*Maioria de B:* Felicitações! Você é uma cinqüentona assumida e pode retirar sua credencial de cinqüentona "sênior".

*Maioria de C:* Cuidado! Você pode padecer de uma geronticite prematura. Consulte um profissional antes de recolher-se à categoria "vetusta".

## Capítulo 2

# Os transtornos e flagelos da etapa

*Se o seu noivo de trinta anos atrás não te reconhece, não é problema de memória: é que você mudou.*

É possível que nesta etapa a cinqüentona se pergunte com certa freqüência se está melhor ou pior. A pergunta deveria ser melhor ou pior do que quem? Possivelmente encontra-se melhor do que algumas conhecidas ou amigas, mas seguramente está pior do que ela mesma. Este parágrafo aparentemente confuso é claramente entendido à primeira leitura por qualquer mulher deste estudo.

De qualquer modo, é certo que a etapa chega acompanhada de certos incômodos. Alguns são novos e outros se apresentam com maior freqüência do que em etapas anteriores.

## Os principais suplícios das cinqüentonas

### I. Os óculos

Reproduzimos a seguir o caso de Ana Maria N. tal como foi relatado pela protagonista enquanto revirava dentro de sua bolsa buscando os óculos (que tinha posto como tiara na cabeça):

"Já não sei o que fazer com todos os óculos que necessito atualmente: os de longe para ver no cinema, os de perto para ler o jornal, as lentes de contato para o tênis, as de contato coloridas para as festas, as de contato descartáveis para as viagens, os óculos escuros para a praia, os bifocais para cozinhar, os de cristal verde para descansar a vista depois de fixá-la para buscar o tipo de óculos que preciso... Realmente, creio que mais do que um oftalmologista para me orientar sobre que óculos usar em cada ocasião preciso de um boy que os carregue para mim!"

*Havia perdido cinco quilos... mas você já sabe como sou cuidadosa... encontrei-os em seguida.*

## II. As dietas

A cinqüentona é bastante resistente em deixar de imitar o modelo imposto pelo Twiggy lá pelos anos sessenta e muitas vezes persiste em uma luta mano a mano. Por isso tenta todas as dietas novas que aparecem e é difícil fazer-lhe entender que o importante não é manter o peso (em média dez quilos a menos) que tinha quando se casou (a primeira vez, claro).

O caso de Olga K. é paradigmático. Olga divorciou-se e em uma das reuniões com seu advogado, este lhe sugeriu estabelecer um regime de visitas para que o seu ex-marido visse os seus filhos.

"Olhe doutor", replicou Olga a seu advogado, "eu segui todo tipo de dietas, a de Scarsdale, a da cebola, a do exército dos E.U.A., a chinesa, a da lua, a do arroz integral, a dissociada, a de salsinha, a da sopa... Mas esse regime que você disse eu não conheço... Será que funciona?"

## III. As pesquisas e os exames

Dada a maior freqüência de exames solicitados pelos médicos nesta década, o suplício começa nas salas de espera dos consultórios com cadeiras duras, longas esperas e revistas velhas. (De onde os médicos tiram as revistas?)

Os exames mais solicitados são:

### *a) Densitometria óssea*

Osteoporose ou não osteoporose: essa é a questão. Este é, sem dúvida, o exame mais simples e menos incômodo de se realizar.

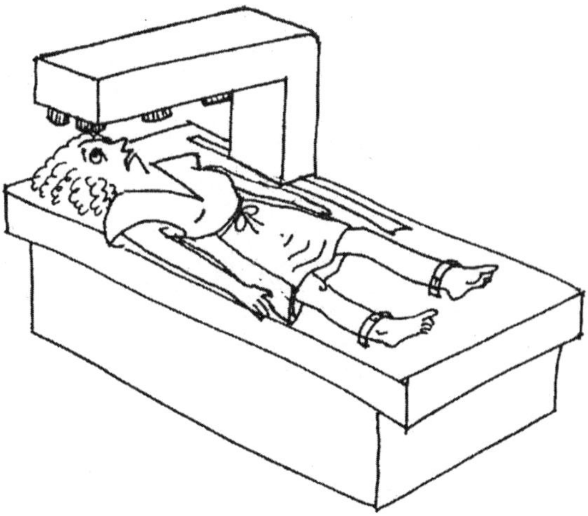

A descrição de Mirna F. é clara e concisa: "É como ficar debaixo de um Knittax (qualquer cinqüentona lembra desses teares). Depois de quinze minutos de ponto jérsei para frente e Santa Clara para trás, está feita a foto. Uma imagem a três cores, incompreensível, que gera na tela um indecifrável desenho gráfico. Este, por sua vez, decodificado pelo técnico, prenunciará o estado de nossos ossos. São de areia? Algum dia deslizarão, por meio da lei da gravidade, pelos desaguadouros de nossas pernas? Ou estão fortes e lustrosos e servirão, por muito tempo, como cabide confiável para que nele se pendure toda a nossa anatômica roupagem?

Medem-me: tenho um centímetro a menos do que no ano passado. Encolho. Diminuo. Terminarei como Alice no País das Maravilhas, engasgando-me com a ponta de meus sapatos?"

## *b) Papanicolau e Colposcopia*

Neste caso temos o valioso testemunho de Silvia C.: "Todo o meu corpo se amontoa ao redor do perímetro aumentado de um dos meus mais sensíveis orifícios. Um aparelho sinistro espia minhas entranhas. Instrumentos de tortura remexem meus canais e passagens secretas. Buris e formões inquisidores rastreiam o terreno em busca de amostras. Ao final, uma mão me toca a perna. A tortura terminou. Visto-me.

O veredicto vem em um envelope fechado dirigido ao médico. Como a que entra com o corpo sou eu, certamente o abro e leio. Transpiro. *Aumentado tipo II. Não se observa...* Respiro. Renovei minha promissória por mais um ano."

### *c) Mamografia*

O exame mais terrível, como atesta Gladys M.:

"Minhas tetas estão imprensadas em um aparelho idêntico à prensa de Gutemberg. A pressão é cada vez maior. O suplício aumenta. Pretendem converter minhas únicas partes macias em fatias? Pretendem comprimir minhas tridimensionais redondezas até reduzi-las a semicírculos bidimensionais? Pretendem ressecá-las como flores entre as páginas de um livro? Voltarão depois da tortura a seu estado natural, ou deverei conviver o resto de minha vida com duas tampas para empadas pendendo do meu tórax?"

## IV. A memória
## Onde você está memória, que não posso te encontrar?

A memória é algo que se teria no cérebro, anteriormente, e que deixa de funcionar pouco a pouco, quase imperceptivelmente. Um dia você se dá conta de que não só esquece onde deixou o carro no estacionamento do supermercado, mas que quando o segurança te ajuda a procurá-lo, não se lembra nem da cor nem da marca e quando olha para os seus pés, em uma das voltas, se dá conta de que está de pantufas.

Outras situações habituais:

- Lembra que tinha que fazer algo no carro, mas não o quê. Até que fica sem gasolina nas Avenidas Libertador e Pueyrredón às sete horas da noite*.
- Esquece onde deixou as chaves da casa, do escritório, a agenda e o celular.
- Não lembra as idades de seus filhos (você que se lembrava que parte da matéria estava dando cada um há alguns anos).
- Telefona para alguém e quando atendem não se lembra para que telefonou.
- Busca por toda a casa os óculos e os tem pendurados no pescoço.
- Perde o controle remoto da televisão e o encontra na geladeira.
- Remexe a bolsa buscando as chaves que colocou no bolso da roupa para encontrá-las mais rápido ao descer do táxi.

* É o equivalente a ficar sem gasolina nas Avenidas Rio Branco e Presidente Vargas às seis horas da tarde (N.T.).

- Põe um ovo para ferver, a comida para esquentar ou para fazer torradas e só se lembra quando o ovo estourou e sujou a cozinha, a panela virou brasa ou o pão queima como um Bonzo.
- Precisa de duas amigas para lembrar uma palavra; três para contar um filme e quatro para acrescentar o título, o diretor e os atores.
- Menciona objetos com nomes que não lhes correspondem ou por sua função.
- Tem que recitar a árvore genealógica antes de pronunciar o nome de um sobrinho.
- Acredita que ninguém te escuta, mas é que conta várias vezes a mesma coisa porque não lembra que já contou.
- Sobe para o ônibus levando o saco de lixo que ia deixar na porta de casa.
- Vai apressada a um aposento e ao chegar não se lembra para quê.
- Acredita que se voltar atrás vai recordar e fica caminhando para frente e para trás por toda a casa.

Conclusão: como o cérebro perde 100.000 neurônios por dia, não se pode pretender que ninguém trabalhe bem nessas condições. Será que você está desmemoriada ou será que o seu disco rígido está saturado por excesso de informação? Em termos atuais poder-se-ia dizer que a tecla deletar funciona melhor do que a de gravar.

Para encerrar o assunto, vejamos o patético testemunho de Beatriz C., que em um Café onde se reuniu com algumas amigas participou deste diálogo:

Marta: Ontem vi na tevê o filme... esse tão bom que vimos juntas no ano passado... como era o nome?... O que fomos ver com a Susy e o Pepe, no cinema... bom, esse que está na Galeria... no Shopping..., esse que está perto de casa... onde Pepe perdeu o... como é?... a carteira...

Raquel: Ah, sim! O de Almóvar.

Alicia: Não, não é Almóvar, é Aldo Mar!

Beatriz: Não, não, Aldomóvar.

Marta: Sim! Como é que se chamava o filme?

Beatriz: "Por quê mereci isto".

Alicia: Não. "O que você fez para sofrer isto?"

Marta: Não, era: "O que eu fiz para sofrer isto?"

Raquel: Me encanta como trabalha a atriz, como se chama? A espanhola tão simpática...

Beatriz: Sim, sim, a do cabelo liso...

Marta: Diga-me Raquel, você não comprou um livro para melhorar a memória? Serviu?

Raquel: Não. É que não pude lê-lo porque não me lembro onde o coloquei.

As moças rapidamente mudaram o assunto. Chamaram o garçom e pediram a conta que haviam pago vinte minutos antes.

*— Você se lembra quando falávamos com presteza?*

*— Não, não me lembro.*

## V. O envelhecimento

A juventude é uma preocupação desta década.

Como disse Simone de Beauvoir, "a tragédia de envelhecer reside em que por dentro segue-se tendo vinte anos". Não esqueçamos que em nossa sociedade a exigência supera amplamente a média mundial. As mulheres argentinas, em especial, não aceitam envelhecer.

A indústria e os cirurgiões plásticos, agradecidos, nos superestimulam na busca enlouquecida da inexistente fonte da Juventude. Como esta não existe, pode-se supri-la com várias operações, toneladas de cosméticos e uma dieta desbalanceada e obsessiva.

Não é que ao envelhecer a vida perca o sentido. O que se perde é a acuidade de alguns sentidos como a visão ou a escuta. Contanto que não se perca o sentido do humor, tudo bem.

### *Reciclada*

Quando Delia completou cinqüenta e cinco anos, seguindo os passos de muitas de suas amigas, submeteu-se a um lifting completo, lipoaspirou as cadeiras, aumentou as tetas e emagreceu dez quilos. Já não podia fechar os olhos sem que subisse o lábio superior, nem sorrir sem que se movessem as orelhas, mas isso não importava. Via-se charmosa e, sobretudo jovem. Sentia-se invejada por suas amigas, observada com luxúria pelos homens e feliz vítima de imaginárias perseguições.

Uma tarde, ao chegar em sua casa, a empregada provinciana que acabava de contratar lhe transmitiu a o recado telefônico de um senhor. Secundina não havia entendido bem, mas o telefonema era de Pancho Dotto[7] (disso tinha certeza) e havia mencionado algo sobre um desfile pela passarela romana.

Delia não podia acreditar no que escutavam os seus ouvidos que, pela surpresa, lhe repuxavam mais do que de costume (abrir os olhos e a boca ao mesmo tempo não estava previsto pela cirurgia).

Pancho Dotto lhe havia telefonado! Certamente o cirurgião costumava enviar fotos de seus maiores sucessos ao empresário e, claro, ela havia sido escolhida. Tanto esforço havia dado os seus frutos! Viu-se aparecendo na televisão, em capas de revistas e até na Internet. Rumo à fama da mão de Pancho Dotto!

Decidiu que esperaria até a noite para contar a suas amigas: "Que sofram, que invejem!", pensou. Ela estava a caminho de ser uma diva, envolta em cachecóis de plumas, descendo escadas e desfilando pelas passarelas de Roma, primeiro, e depois de Nova York, Londres e Paris.

Voltou a tocar o telefone. Secundina, com o olhar, adiantou quem telefonava. Delia, com a voz impostada, aveludada e sedutora atendeu: "Alô?"

"Senhora — disse a voz — aqui é do El Pancho Loco, sua rotisseria amiga, que acaba de abrir uma filial modelo em seu bairro. Quero contar-lhe as promoções que oferecemos: porção de leitão fatiado com mozarela à romana e, além disso..."

Delia já não escutava mais. Só via, como em um sonho, uma longa fila de porquinhos desfilando por uma passarela de mozarela enquanto Secundina a abanava.

---

[7] Produtor de desfiles de moda.

Texto para meditar e visualizar

"Hoje a juventude é mais importante do que nunca, como convém a culturas que passaram pela desestabilização dos princípios hierárquicos... A condição de "jovem", em compensação, garante outro *set de ilusões*... Assim, a juventude é um território no qual todos querem viver indefinidamente. Mas os jovens expulsam de seu território os falsificadores, que não cumprem as condições de idade e entram em uma guerra de gerações banalizada pela cosmética, a eternidade qüinqüenal das cirurgias e das terapias *new age*."[8]

*...Como dizia, Martinha, eu não tenho nem rugas nem manchas... Só aparecem quando ponho os óculos!*

[8] *Escenas de la vida posmoderna*, Beatriz Sarlo, Ariel, Buenos Aires, 1994.

## VI. A beleza

*Todas as mulheres que seduzam e levem ao matrimônio os súditos de Sua Majestade mediante perfumes, maquiagens, cosméticos, dentes postiços, peruca, anquinhas, sapatos de salto alto e recheios nos quadris, incorrem em delito de bruxaria... e o matrimônio será nulo.*

Decreto do Parlamento Inglês, 1770 d.C.[9]

A beleza também é um tema preocupante nesta década. É quando mais se nota o conflito entre aceitar o passar dos anos com suas conseqüentes marcas e a agressão permanente de um meio que exige beleza em abundancia. Não esqueçamos que em nossa sociedade a exigência supera amplamente a média mundial. As mulheres argentinas, em sua maioria, não aceitam perder a beleza da juventude.

A indústria e os cirurgiões plásticos, agradecidos, nos hiperestimulam na louca busca da inexistente fonte da Juventude. Como esta não existe, pode-se supri-la com várias operações, toneladas de cosméticos e uma dieta desbalanceada e obsessiva[10].

Existem a esse respeito testemunhos divertidos e rebeldes como o de Rosita D.:

"Como trabalho muito e estou muito ocupada não tenho tempo para tomar chá freqüentemente com minhas amigas, mas a cada vez que se apresenta uma oportunidade, observo-as e chego à mesma conclusão: as mulheres

---

[9] *A mulher*, Isidoro Loi, Chile, 1984.

[10] A repetição de parte deste parágrafo não é um erro tipográfico.

formam parte de dois grandes grupos. As que estão dedicadas a si mesmas, à beleza e à elegância; e as outras, que entre uma corrida e outra pintam os lábios no carro e colocam *blush* nas vitrinas das lojas.

Eu pertenço decididamente ao segundo grupo. Há algum tempo calculei que se fizesse tudo o que *Gente* recomenda, *Elle* sugere, *Saúde* demanda, o dermatologista indica, as amigas me dizem e eu penso que me convém... minha semana de trabalho começaria na quinta-feira.

Minha situação é a seguinte: a neve do tempo não esbranquiça minhas têmporas porque existem umas tinturas rápidas e excelentes que posso aplicar enquanto cozinho, leio o jornal ou falo ao telefone. Minhas rugas podiam ser piores, já que nunca dediquei muito tempo aos filtros e cremes para a praia porque odeio quando a areia gruda em mim. Considero-me afortunada geneticamente e pelo fato de que os costumes tenham se modificado para que possamos nos vestir como nossas filhas e não como nossas mães.

Mas tudo tem um preço e as revistas, os jornais e a televisão conseguiram convencer-me de que minha decadência é certa e irreversível. Por quê? Porque não uso três

xampus diferentes por semana nem seis enxágües adequados ao tipo do meu cabelo. Tampouco nutro, umecto, alimento, limpo, purifico, acaricio e massageio de baixo para cima o meu rosto e o meu pescoço. Não aplico cremes com hormônios, alantoína, elastina, oligoelementos, DNA, óleos essenciais e retinol. Nem sequer uso cremes com vitamina C e D ou óleos de tartaruga e abacate! Como não vou decair se me comporto tão mal!

Não obstante, em algum momento me deixei convencer e como menos carne, mais verduras e fibras e caminho um montão de quilômetros. De quê adianta se me esqueço de tomar o multivitamínico com uma dose dupla de vitamina E e antioxidantes tão úteis como o zinco e o magnésio? Com toda a lógica, algumas noites parece que escuto como vai se oxidando o meu corpo, pobre vítima dos radicais livres e de uma dona tão descuidada. Nem sequer entendo como chego a acordar a cada manhã.

A exigência é tão grande que se quisesse seguir todos os decálogos de beleza que me propõem, não teria tempo para dormir (as oito horas que exigem esses mesmos decálogos de beleza e que nunca, jamais, durmo porque me parece perda de tempo), nem para trabalhar (as doze horas diárias como necessito) e, menos ainda, teria tempo para cuidar de minhas plantas que é o que faço com mais prazer justamente nos momentos em que deveria estar submersa em um banho de espuma, passando cremes nos cotovelos e nos calcanhares."

Uma carta que nos envia Glória K. encara outras facetas do problema.

"Todas as manhãs me deprime bastante ver no espelho que não tenho mais vinte anos. Nem trinta. Nem quarenta. Particularmente de manhã. Porque à tarde parece que vou me acostumando e não me incomoda tanto. Tampouco tenho vinte anos quando ponho o traje de banho, nem quando subo escadas, nem quando me dispo. Mas sei que existem muitas regiões jovens dentro de mim que à primeira vista não são percebidas.

Como diz uma amiga minha, a esta altura há que se somar aprendizagens e não reclamações. Por isso é astuto assumir a herança genética. Depois de anos experimentando todos os cremes, exercícios e massagens que oferece esta sociedade de consumo cujo ideal é um cabide no decote e uma figura andróide, se todas as mulheres da família são bundudas ou de braços grossos, não resta outra coisa senão assumir a restrita programação de meu próprio e exclusivo DNA. E como a esta altura sobressai mais um quilo a mais no rosto do que dois a menos na bunda, a decisão é fácil. Por isso não me preocupo mais quando não tenho claro se o que tenho na frente é uma barriga recém-inaugurada ou se a bunda mudou de lugar."

## *A fugitiva*

Ainda que este caso seja real, o nome de quem consulta foi omitido para protegê-la de possíveis problemas com a DGI.

"Quando cheguei aos cinqüenta, finquei uma bandeira. Dali em diante deixei de festejar e portanto de declarar o aniversário. Vivi alguns anos na clandestinidade escapando de perguntas incisivas de parentes e amigas, até que um dia, a DGI (Documento Guardado de Identidade) caiu implacavelmente sobre mim: a Carteira de Identidade que cuidadosamente havia escondido foi encontrada por minha nora.

A descoberta se deu imediatamente e de nada me serviu jurar que a data de nascimento que figurava no meu documento estava equivocada por um erro do funcionário. O que posso fazer para encobrir este episódio vergonhoso?"

Resposta: *Você pode argumentar em sua defesa que descontou o IVA* por ser uma contribuinte dependente.*

## VII. Os hormônios

"Faz um calor bárbaro ou sou eu?" É você. É você? Não, são os hormônios.

Nesta etapa é difícil distinguir com clareza entre clima e climatério. Mas não há dúvida de que os hormônios (ou a falta deles neste período) ocasionam uma série de mudanças amplamente conhecidas e comentadas nos meios de comunicação.

O que a população estudada repete constantemente é o quão chamativa e maravilhosa é a compreensão dos muitos ginecologistas homens. Quando uma cinqüentona se queixa de algum mal costuma ser medicada quase que em série e com um tom que implica a seguinte metamensagem: "Não sei porque você se queixa se isto acontece com todo mundo e não é para tanto". Isto produz algumas situações totalmente esquizofrênicas como a de que por causa da medicação apareça, por exemplo, uma síndrome pré-menstrual durante vinte e cinco dias seguidos e nada nos três restantes.

Estes e outros incômodos que algumas mulheres sofrem muito, outras pouco e algumas quase nada, podem durar de um a dez anos. Além disso, potencializam-se

---

* Imposto sobre Valor Agregado (N.T.)

exponencialmente quando a cara metade passa por um processo similar, todavia menos evidente (para os outros, não para a própria).

Afortunadamente, existem algumas maneiras simples e caseiras de atenuar os inconvenientes (os dela, já que os dele, como não costumam admiti-los, são difíceis de melhorar):

- não tomar café, nem chá, nem mate, nem álcool
- usar somente roupa de algodão decotada mesmo que façam dois graus abaixo de zero
- eliminar toda a roupa de lã e de materiais sintéticos
- ter roupa disponível em três tamanhos diferentes para poder sair à rua todos os dias independentemente do grau de retenção de líquido
- não freqüentar lugares com muita gente nem muito fechados, nem lugares sem ar-condicionado
- água e folhas[11]

Como se vê, simples e muito prazeroso. Lembra da piada da hiena?[12]

## VIII. A insônia

Mais cedo do que tarde, a insônia aparece neste período. Pode apresentar-se como sono interrompido durante a noite ou com madrugares ridículos pela manhã.

---

[11] Para esclarecer este ponto dirigir-se aos sintomas primários do ponto 6 do capítulo 1.

[12] Em uma piada muito antiga, um cientista explicava que a hiena vive sozinha quase toda a sua vida, alimenta-se de carniça e acasala uma vez por ano, e alguém lhe perguntava: Pode-se saber do que ela ri?

Entretanto, este flagelo tem aspectos positivos já que permite executar algumas ações que há vinte e cinco anos atrás não poderiam realizar-se sem sacrificar o tempo destinado a tarefas de hierarquia mais alta.

Aqui propomos uma série de atividades para você executar no meio da noite ou durante as horas da madrugada, sem fazer barulho e sem incomodar ninguém. Sugerimos que você prepare a sua própria lista.

1. Fazer as mãos ou os pés (o esmalte secará antes do amanhecer e não escorrerá como quando você pinta de dia e fica grudado dentro dos sapatos ou no pano de prato).
2. Ir à geladeira e pecar sem testemunhas.
3. Escrever cartas, e-mails, poesias.
4. Adiantar o cozimento das verduras para o jantar.
5. Fazer ginástica.
6. Depilar-se com a pinça.
7. Espremer cravos (as marcas desaparecerão antes do amanhecer).

8. Espremer os do seu marido se ele tem o sono suficientemente pesado.
9. Pensar em frases completas que se escrevam somente com "a" (como Ragadaz[13]).
10. Elaborar uma nova lista de coisas para fazer da próxima vez que tiver insônia.

## *Exemplo de texto para redigir na hora da insônia*

"Gabada Santa Ana!, Amanda, atacada, arranhada, amarrada à cama, a saia arrancada, a cara marcada, os lençóis manchados.

Amargurada, a mamã arranca a arma branca. Ameaça castrar, matar o déspota. De gatas as camaradas param-na, aplacam-na, arrastam-na para casa.

---

[13] Personagem criado pelo humorista Lino Palacio, que falava somente com a.

* Na tradução, é impossível manter todas as palavras com a letra "a", o que tornaria o texto incompreensível. Assim sendo, optamos por uma tradução que resguarde o contexto da história utilizando, dentro do possível, palavras com a letra "a". Em seguida reproduzimos o texto original, no intuito de ilustrar como todas as palavras utilizadas pelas autoras portam a letra "a". "¡Alabada Santa Ana!, Amanda, atacada, arañada, atada a la cama, la falda arrancada, la cara marcada, las sábanas manchadas. Amargada, la mamá saca arma blanca. Amaga castrar, matar al sátrapa. A gatas las camaradas la paran, la aplacan, la arrastran a la casa.
A Amanda la calman, la lavan, la abrazan, la tapan, apagan las lámparas. La asaltada callará pacata.
¿La cana atrapará al canalla? ¿La mala racha jamás pasará? ¿Habrá paz para las casadas?" (N.T.)

Acalmam a Amanda, lavam-na, abraçam-na, tampam-na, apagam as lâmpadas. A atacada calará pacata.

A cã enganará o canalha? A má sorte jamais passará? Haverá paz para as casadas?"*

## IX. A moda

Quando nós começávamos a adolescer*, por volta dos catorze anos (porque não fomos o que se chamaria precoces), a maior preocupação, além da permissão para usarmos meias 7/8, era que nos deixassem usar alguma roupa "de senhora", como uma blusa preta ou um par de sapatos altos de mais de três centímetros ou um pouquinho de ruge.

Parece inacreditável quando o comparamos com uma festa de quinze anos de hoje onde todas as amigas da protagonista (ela sim, de branco e de longo) vestem-se de preto. A tal ponto que, mais do que um aniversário juvenil, a festa parece uma versão escolar de *A casa de Bernarda Alba.*

E esta sim é uma das mudanças enormes deste século porque, como diz Beatriz Sarlo... "até o jeans e a minissaia não existiu uma moda jovem".[14] A moda era uma só, para as adultas.

Hoje sem vergonha, e mais, com orgulho, deveríamos confessar publicamente que por mais de uma vez

---

* Jogo de palavras em que as autoras utilizam o verbo *adolecer* que significa adoecer, padecer e fazem alusão a *adolescer*, no sentido de atingir a adolescência (N.T.).

14 *Escenas de la vida posmoderna*, Beatriz Sarlo, Ariel, Buenos Aires, 1994.

nossas filhas têm que vir ao nosso guarda-roupa para recuperar alguma camiseta divertida que lhes "pedimos emprestada". E esta é a verdadeira sorte: podemos nos vestir como nossas filhas. O rítmico pêndulo da história nos favoreceu: aproveitemo-lo!

Esta vingança inimaginável para nossas mães que sofreram nosso despojo de seus guarda-roupas não justifica, de qualquer modo, a tortura moral à qual nos vemos submetidas a cada vez que queremos comprar uma roupa. De acordo com os padrões vigentes, a roupa média é para mulheres de 38 quilos, de numeração desconhecida e, provavelmente, diagnóstico de anorexia. O que implica que uma mulher totalmente normal de tamanho 46/48 tenha que vestir o que encontra e quase nunca o que quer.

Este testemunho foi enviado pelo correio por Elena E.:

"Gosto de me ver bem arrumada e pelo menos próxima da moda (todavia pareço nunca escutar seus últimos gritos que, por algum estranho mecanismo, me chegam sempre atrasados). Geralmente me custa vencer esta sensação, mistura de culpa e tempo perdido, que me incita a buscar um suéter azul-celeste para usar com um traje azul (que não encontro e se existe não combina). Me esgota lutar com vendedoras jovens e magras que me olham como a um marciano, me atendem mascando chiclete depois de terminar sua conversa telefônica e querem me convencer de que tudo 'ficou choque, bárbaro, te deixa magérrima'.

Termino comprando roupa com a mesma atitude com que uma pessoa desesperada compraria um salva-vidas em pleno dilúvio universal. Por alguma lei oculta[15], por um motivo desconhecido, ao final, quase sempre tenho sorte e as roupas compradas em diferentes ímpetos súbitos de dez minutos, combinam".

## X. O sexo
## O que mudou de ontem para hoje

Em nossa juventude, disso não se falava nem se nomeavam "as partes". Hoje um menino da salinha amarela

[15] Poderíamos chamá-la "Lei de Yhprum", posto que é integralmente o contrário da lei de Murphy.

do jardim diz pênis e vagina. Nos tínhamos coisinha, florzinha. Os nenês pintinho, pererequinha. E se brincávamos de doutor se armava um grande escândalo e "esse menino mau" não podia vir mais brincar em casa. Toda a nossa informação provinha de um Mambrú* que tinha ido para a guerra, não tinha voltado e por isso sua mulher havia morrido de desgosto. Ou da Faroleira que depois de um deslize se enamorava de um coronel, ou da pomba branca que sentada em um limão verde se perguntava quando viria o seu amor. Vivíamos em um limbo de cegonhas e repolhos até que alguma amiga maior "nos alertava".

Hoje a protagonista de "Chiquititas"[16] fica grávida e nas novelas a filha natural do proprietário da fazenda é violentada por um travesti que vem a ser o seu irmão. São necessários temperos mais fortes para desafiar esta geração.

Com tão estupenda informação (e quase nenhuma experiência prática) nosso futuro era pouco promissor. Nós mesmas tachávamos de putas às amigas apenas mais liberais (que, por exemplo, usavam os primeiros biquínis fabricados com uns 500% a mais de tecido que os de hoje), as poucas que haviam superado o pânico cuidadosamente inculcado. Só para ver as nossas próprias filhas, alguns anos depois, vestidas como putinhas de subúrbio para ir dançar com os companheiros do colégio, um sábado à noite.

Não tivemos compensações: depois de ter chegado tarde a todos os episódios de liberação sexual e superada por fim a época de temor à gravidez, surge um novo flagelo. Um verdadeiro, que não tem nada nem remotamente en-

---

* Mambrú é uma canção popular antiga, onde o termo representa justamente a história de um soldado desenvolvida pela autora (N.T.).

16 Programa de televisão para pré-adolescentes.

graçado e que desperta tanto o terror mais profundo como a inconsciência mais absoluta: a AIDS.

Justamente, meninas, justamente quando aprendemos a nos divertir, não se pode mais.

E somente uma mulher de cinqüenta sabe o que é juntar coragem para dizer a esse senhor de que tanto gosta que sem preservativo não. Somente uma mulher de cinqüenta sabe o que é tratar de convencer a esse senhor, cujas contaminações da juventude terminaram porque a penicilina apareceu justamente a tempo, que pertence a um grupo de risco porque todos os senhores como ele pensam que não precisam usar preservativos.

Somente uma inteligente mulher de cinqüenta, como Erica Jong pode resumi-lo assim: "Alguém se animou a dizer que a maioria dos homens preferiria usar os preservativos ao redor do pescoço para espantar o mau-olhado ao invés de colocá-los em suas vergas? Alguém registrou os traumas dos amantes de meia idade que passaram por tudo, da virgindade técnica dos anos cinqüenta à gulodice sexual dos sessenta, aos saudáveis setenta (quando você encontrava os seus amantes nas academias), à decadência dos oitenta (com longas limusines, vestidos curtos e homens que personificavam os Senhores do Universo), ao terror da AIDS dos noventa, enfrentado em uma guerra com o desejo sexual?"[17]

Como muitas outras novidades, estas também chegaram ao nosso Terceiro Mundo, tarde, mas chegaram. Nos globalizamos.

A nossa foi a última geração de "meninas boas". As que vieram depois aprenderam muito rápido que "as meninas boas vão para o paraíso e as más a todos os lugares".

---

[17] *Fear of fifty*, Erica Jong, Harper Perennial, Nueva York, 1997.

Texto para meditar e visualizar

"Muitas vezes lhe disse:

- Te adoro porque você me tornou puta.

Dito de outro modo não lhe faltava razão. Florentino Ariza a havia despojado da virgindade de um matrimônio convencional que era mais perniciosa que a virgindade convencional e a abstinência da viuvez. Ensinou-lhe que nada do que se faça na cama é imoral se contribui para perpetuar o amor. E algo que seria desde então a razão de sua vida: convenceu-a de que se vem ao mundo com as transas contadas e as que não são utilizadas por qualquer razão, própria ou alheia, voluntária ou forçada, se perdem para sempre. O mérito dela foi tomá-lo ao pé da letra."[18]

## *Foi bécquer quem disse: "As transas perdidas são como flores caídas da árvore do coração"?*

Vamos refletir sobre a queixa de Amanda F.: "Os grupos de reflexão te impelem a ser sedutora e agressiva. Pela televisão, os sexólogos te vaticinam orgasmos intermináveis se você aprender a liberar os seus instintos. A bibliografia, do *Kamasutra* ao Masters e Johnson, te augura o maior dos êxitos só com a escolha da posição adequada ou

[18] *El amor en los tiempos del cólera*, Gabriel García Márquez, Sudamericana, Buenos Aires, 1985.

ao realizar os exercícios pertinentes. Minha vizinha Chela, mais simples e didática, sentencia: A ferramenta que não se usa se oxida."

## XI. O racha dos divórcios

Durante este período aumentam os divórcios. A explicação deste fato não nos compete mesmo que nos animássemos, sem muito esforço, a esboçar uma teoria. Simplesmente é uma realidade. Outra realidade é que depois do divórcio, os varões da espécie têm certa inclinação para encontrar um par muito antes das mulheres. Numa manhã levantam-se declarando unilateralmente diante do espelho do banheiro: "Não posso mais, preciso de ar" para sair das mãos de uma jovem que costuma ter 20 anos e 10 quilos *a menos* e 10 centímetros de sutiã a *mais* que a gente.

Pouco depois costuma se produzir uma situação standard com pequenas variações.

### *A nova namorada do sócio do marido*

A nova namorada do sócio do marido, como conta Elsa S., de repente e sem aviso, converteu-se em uma espécie de acne, uma presença imposta. Algo assim como uma nova sócia consorte, a qual deverá encontrar em cada reunião da qual participe de agora em diante ou até quando o sócio do seu marido decidir trocá-la, como a um carro, por um modelo mais novo.

O sócio do marido também trocou de carro. Apesar de sua difícil situação econômica, como se encarregou de proclamar, comprou um Porshe vermelho conversível. Quando apareceu pela primeira vez em uma reunião, orgulhoso com mulher e carro novos, produziu-se no grupo um grande silêncio.

Suas ações imediatamente subiram tanto como se desvalorizavam as das abnegadas esposas do grupo (primeira mão, único dono, nunca foi táxi). Os homens o cercaram babando de inveja, mas também com esperança: a eles talvez pudesse acontecer o mesmo. As mulheres, ao contrário, se distanciaram encolerizadas, quase com ódio, mas também com receio: elas também poderiam ser substituídas.

Escutaram-se comentários tais como: "Que rodas!"; "Que carroceria!"; "Que bela frente!"; "Que pára-choque!" As mulheres não quiseram saber se se referiam à mulher ou ao carro.

Quem pensaria isso do sócio que até então havia passado quase desapercebido pelo grupo! De repente estava rejuvenescido, com uma camisa preta, os quatro primeiros botões desabotoados, calça branca e um suéter apoiado nos delgados ombros como uma capa! O cabelo ralo e grisalho, agora de uma cor duvidosamente loura, encontrava-se preso na nuca como um rabo de cavalo, numa desesperada tentativa de ter um look *fashion*.

Parecia na verdade uma patética versão do bravo Zorro um pouco embolorado, mostrando sua conquista a bordo de seu valoroso corcel vermelho. "O quê terá ela visto nele?", perguntaram-se as mulheres. "Certamente sua sensual e viril carteira e seu potente e erétil talão de cheques" responderam a si mesmas.

# Capítulo 3

# Os diversos papéis desta etapa e como encará-los

*Que modelito me cairá melhor?*

Como te pega esta etapa? Com um marido usado ou com um novo? Separada, divorciada, viúva, com um ou vários ex-maridos, com um companheiro, uma "amizade colorida" ou querendo outra coisa?

Seja o que for, que você se sinta feliz ou nem tanto, realizada ou não muito, é inútil chorar sobre o leite derramado (ou o que não se derramou no acaso).

O importante, o realmente importante, é o que será daqui pra frente. E como se trata de uma aprendizagem, salinha amarela* para alguém!

## ESPOSA

Não é fácil, sabemos que não; o seu é quase um apostolado. São muitos anos, em média uns trinta. Mas a verdade é que ninguém, salvo a revista *Contigo!*, poderia ter prometido um jardim de rosas. Isso sim, convenhamos, a estabilidade da situação matrimonial como a do país, tem suas vantagens. (Se restam dúvidas, pergunte as suas amigas separadas como está lá fora ultimamente.)

Igualmente, para ajudá-la, recopilamos alguns conselhinhos práticos que servem para melhorar a convivência:

1. Se todas as manhãs as dez para as sete te pergunta: "Onde está a minha camisa azul-celeste?" Não grite: "Na gaveta, como sempre, não me enche o saco". Fica feio e é o pai dos seus filhos.
2. Se te pede uma aspirina porque está com dor na cabeça e não a encontra, não responda: "Será possível que você

---

* O jardim de infância é dividido por níveis, cada nível sendo representado por se alojarem em salas de cores diferentes. (N.T.)

é tão inútil que nunca encontra nada?" Nós e você sabemos que estão no mesmo lugar da caixa de primeiros-socorros desde que você se casou e se persistir a dor de cabeça, vai ficar ainda mais chato.

3. Se chega à mesa e diz: "Ouça, não tenho vontade de comer frango outra vez" não lhe jogue a travessa na cabeça. Ainda que ele mesmo tenha dito a você que o médico lhe aconselhou menos carne vermelha devido ao colesterol. Pode se machucar e, além disso, é o pai dos seus filhos.
4. Se te pergunta: "Aonde você colocou os copos?" cada vez que tem sede, não caminhe pela cozinha mostrando o armário embutido e gritando: "Ali, idiota, ali!" Os vizinhos podem escutar e o seu é um típico varão padrão da espécie.
5. Se em uma reunião conta a mesma anedota pela milésima vez, não o olhe com cara de chapada nem durma. Seus amigos vão pensar que você é uma chata e, além disso, sabem que é o pai dos seus filhos.
6. Se mudou o comportamento, sai com camisetas de lycra e jaqueta de couro e se quer comprar uma moto de 2000cc para tomar ar, não lhe quebre um tijolo na cabeça. Não vai mudar por causa disso e se decide voltar atrás vai estar mais estropiado do que antes.
7. Se esta noite está carinhoso não diga a ele que está com dor na cabeça. Você já não corre o perigo de ter mais filhos com ele.
8. Se passa o fim-de-semana obnubilado vendo futebol pela televisão com o olhar fixo na tela e a boca aberta não ameace abandoná-lo e/ou matá-lo. Aproveite a ocasião para: a) dizer-lhe que bateu com o carro, b) dar-lhe todas as sobras da semana para o jantar, c) comunicar-lhe que convidou a sua mãe para passar uns dias com vocês.

9. Você já devia saber que as mulheres são de Vênus e os homens de Marte.

De qualquer maneira, que fique claro que estar felizmente casada não significa que você não tenha as suas boas fantasias eróticas, como qualquer mulher normal. O caso de Graciela M. é quase paradigmático.

## O novo amor

— *Querido... dei uma batidinha com o carro...*

"Resisti por muito tempo porque ia contra os meus princípios, mas como a maioria das minhas amigas tinha um e me contavam as suas experiências, por fim me convenci e apesar de tantas vezes tê-las criticado, quando a oportunidade apareceu, me rendi aos encantos deste novo amor.

É um pretinho divino: miúdo, brincalhão, mas forte, potente e fiel. Sobretudo companheiro e muito carinhoso. Fica o tempo todo pertinho de mim, toca levemente a minha bochecha, acaricia minha orelha. Sinto que o tenho na palma da mão e o manejo como quero porque entre nós há uma boa comunicação. Tem tato, é fino, delicado e sensível e sempre está pronto para mim.

Eu também o atendo, conheço os seus códigos e seus sinais. Somos feitos um para o outro ainda que reconheça que é um vício caro e às vezes me custa bancá-lo. Chegou a transformar-se em uma drogadição. De qualquer modo, sou responsável e me cuido, porque não quero surpresas. Sei que abusar pode ser perigoso.

Não vou negar, também temos os nossos desencontros. Às vezes sinto que a bateria está acabando e sobrevêm silêncios prolongados e falta de diálogo. Creio que isto se deve a que não pôde se adaptar a alguns ambientes ou que eu coloco certa distância. Então sobrevém a falta de comunicação.

Por sorte, para esses casos tenho o outro, o de sempre, já que jamais o reneguei. Como poderia se com o velho temos toda uma vida em comum e compartilhamos tantas coisas!

Apesar de ser grandão e viver ligado, quando necessito está lá. Mais ainda, é o meu fio terra e me dá segurança.

A verdade é que ambos se complementam e eu sou feliz com os dois. E mais, não poderia viver sem eles: meu celular e meu telefone."

Texto para meditar e visualizar

"Era um marido perfeito: nunca pegava nada do chão, nem apagava a luz, nem fechava uma porta. Na escuridão da manhã, quando lhe faltava um botão na roupa ela ouvia-o dizer: 'Precisa-se de duas esposas, uma para amar e outra para pregar os botões.' Todos os dias, ao primeiro gole de café e à primeira colherada de sopa fumegante, lançava um uivo devastador que já não assustava ninguém e, em seguida, um desabafo: 'O dia que largar esta casa já saberão que foi porque me cansei de andar sempre com a boca queimada'."[19]

## Separada/divorciada

Em termos gerais as separadas poderiam agrupar-se em duas categorias:

- As que se ocuparam sempre de resolver tudo porque não podiam delegar nada. Estas, não notam muito a diferença em sua mudança de estado civil.
- As que nunca se ocuparam de nada e têm que aprender que existem temas terrenos tais como impostos, serviços, bancos, débitos automáticos, etc. Estas são as que, além disso, costumam inteirar-se, tarde, da existência

[19] *El amor en los tiempos del cólera*, Gabriel García Marques, Sudamericana, Buenos Aires, 1985.

de sociedades anônimas criadas por seus ex-maridos, pelas suas costas, enquanto elas navegavam pelo limbo.

De qualquer modo, ou você ou ele, ou os dois juntos, alguém tomou a decisão. Neste caso, por razões de conveniência literária supomos que foi você.

Você se separou, se sente aliviada, se sente só. Finalmente chega o dia em que:

1. Você já resolveu tudo depois de uma conversa tranqüila entre os dois. Segue a sua vida.
2. Você já resolveu tudo depois de uma guerra comparada à dos Roses. Está morta, está se alojando. O seu advogado está radiante e trocou de carro.
3. Você busca um deus que te ame, mime e malcrie. Tem que ser um bom tipo, alto, jovem, rico e concordar com uma "amizade colorida". Você ainda não teve tempo de estudar o mercado.
4. Você começou a estudá-lo. Vai se dando conta de que se você eliminar dos seus possíveis candidatos os casados (por razões práticas mais do que morais), os gays (por razões obvias), os imbecis (por razões de auto-estima), os muito jovens ou velhos (você não sabe bem por quais razões), os que somente olham as mulheres de menos de 35 anos, não restam muitos.
5. Você está chegando à conclusão de que para encontrar um deus a única alternativa que vai restando é começar a fazer jogging no Olimpo.
6. Você não encontrará nenhum homem nem com lupa (mesmo que concorde que seja baixo, gordinho, careca, não tenha dinheiro nem para um café e que às vezes não pareça um tipo tão bom como a princípio).
7. Você chegou à conclusão de que a melhor alternativa possível é um amigo gay que te acompanhe a todos os

lugares e compartilhe as suas confidências. Você tem razão. Ande, não perca tempo, é uma boa opção.

*Nota*: não lhe recomendamos sair para buscar homens com uma lanterna como Diógenes. A esta altura é melhor vê-los com pouca luz. Também poderíamos jurar que restam poucos como Serrat que "porque a querem deixam as montanhas e vêm para o mar". E mesmo que se costume dizer que se tem que aparecer vai aparecer, a experiência demonstra que um pouquinho de ajuda ao destino não faz mal.

Quando finalmente você encontrar alguém que pareça se aproximar do seu ideal, para maior segurança pode aplicar o TCI (Teste de Comprovação Imediata): pergunte-se se está disposta a dividir o banheiro e o closet com ele.

O seguinte relato de Sofia Z. demonstra-nos que, como diria Serrat, "De vez em quando a vida nos brinda na pele./ E nos presenteia com um sonho tão escorregadio/ Que se há de percorrê-lo na ponta dos pés/ Para não quebrar o encanto."

## O encontro no café

"Por quê não?", lhe contestou com um tom indiferente. "Ponho de novo os sapatos e vou. Está bom se nos encontrarmos às onze e quinze no La Pérgola?" "De jeans mesmo", respondeu ele. "OK."

"De jeans", falou-se, "mas com o quê? Com camisa, com suéter não porque se fico nervosa transpiro. Uma camisa de seda com aspecto descuidado, mas que se veja que não é qualquer coisa. E o casaco de couro. Para não parecer velha. Quantos anos terá? Tem jeito juvenil como todos os que navegam. Ou é uns dois anos mais velho do que eu ou é mais novo".

Terminou de trocar-se em cinco minutos. Não ia lhe dizer nunca que ficou de mau humor ao ver que não telefonava na hora marcada. Nem que estava de camisola, terminando uma taça de vinho e vendo uma série de televisão na cozinha quando tocou o telefone. Menos ainda que havia pensado em dizer-lhe que já era tarde para sair. Tarde! Era a hora em que as meninas começam a se trocar para sair às duas da manhã.

Tirou o carro da garagem e saiu para a rua, tratando de dirigir devagar para não chegar muito cedo. Quis imaginar-se, enquanto se olhava no espelho retrovisor, como seria o encontro. Realmente quase não se conheciam, ainda que o tivesse conhecido muito tempo antes nas reuniões de condomínio do apartamento de praia. Era decidido, atraente e estava muito claramente empenhado em jogar com a sedução. Do entediante grupo das assembléias de condomínio era o único de quem se lembrava, o que lhe havia parecido mais inteligente e sensato. O mais atraente, também. Depois havia empregado a autocensura: "É casado, esqueça".

Deu-se conta de que estava mais nervosa do que o normal; as mãos transpiravam ao volante. Diante de um semáforo, para acalmar-se, tentou pensar no que ia beber. Nada de álcool para não ter sono. Misturas não. Suco não, para não parecer infantil (não esquecia nunca da cena inesquecível de "La Tregua"*, onde a menina pede um Nescau e ele se sente um estuprador).

---

* Livro de Mario Benedetti (N.T.).

Chegou, estacionou e acreditou vê-lo esperando-a na porta. Não, era o manobrista. "Seria lindo encontrar alguma vez um louco daqueles que a esperam com três dúzias de rosas vermelhas nos braços", pensou.

Cruzou a porta tratando de dominar o incomôdo de uma situação que tinha dificuldade em lidar. Fazia tanto tempo que não se encontrava em um bar com um homem pelo homem em si. Sem razões de trabalho ou de interesses comuns. Em trinta segundos passou por todas as dúvidas do mundo. "E se não vem, ou não gosta como estou vestida? E se não é verdade que está se separando? E se me envolvo e volta com a sua mulher? E se deixo de pensar besteiras?", disse a si mesma enquanto terminava a volta pelo local para comprovar que ainda não tinha chegado. "Nem sequer em uma ocasião como esta consigo chegar tarde e me fazer atraente", pensou. Sentou-se em uma mesa sem deixar de se perguntar o que devia fazer. "Sento-me com displicência e cara de estar esperando alguém ou seria melhor que fosse ao balcão? Se vou ao balcão pensam que estou sem sossego. E se tiver alguém conhecido?" Olhou de novo ao redor para confirmar que não tinha. Cruzou vinte vezes as pernas, olhou o relógio três vezes seguida, ajeitou o colarinho da camisa. Essa mania de sentir-se vigiada. Era provável que nem sequer tivessem notado a sua presença e, entretanto, parecia-lhe que todos a olhavam. Esta outra mania de chegar pontualmente.

Um rapaz forte com o casaco a ponto de arrebentar perguntou-lhe o que ia tomar. "Nada, obrigado, espero uma pessoa." Estava muito cansada. As últimas semanas foram muito duras. Uma mistura complicada de sensações entre a euforia da mudança, a alegria de olhar o rio pela janela e a angústia de não terminar com a papelada de um divórcio que a levava lentamente à saturação. Uma coisa, entretanto, era clara. Daí em diante, somente prazer e alegria. Nunca mais situações insuportáveis nem concessões. Havia ficado muito magoada.

Por isso, a situação adolescente ("Meu Deus", pensou, "há quantos anos não tenho que exercer ativamente o trabalho da sedução!") de encontrar-se com alguém pouco conhecido, quase às escondidas, em um bar, tinha uma grande virtude: fazia-a sentir-se trinta anos mais jovem.

Viu-o chegar sorrindo e confirmou que era agradável e jovial como recordava. Perguntou-se se ele também estaria sentido certa insegurança. Mas não houve tempo para mais. Correram para uma mesa onde a música não incomodava e começaram a contar e comparar suas situações pessoais, a relatar as características principais de suas vidas. Sabiam muito pouco um do outro, ainda que a experiência lhe dissesse que como ele era advogado devia saber mais dela do que ela sabia dele.

Sem muito esforço, sobre a xícara de café vazia (sim, finalmente havia pedido café) eram quase duas horas. Decidiram sair para caminhar um pouco. Foram menos de três quadras, mas algo lhe dizia que os dois tinham vontade de se abraçar, de se pegar pela cintura e não se animavam. Chegaram de volta ao carro e ele decidiu voltar andando. Despediram-se e beijaram-se. A forma como ele a beijou prometia futuros paraísos.

Ligou o carro e pensou: "Tudo chega quando é o momento oportuno. Não é um mau debute para uma adolescente de cinqüenta e dois". Voltou pela rua sorrindo, convencida de que ele estava tão assustado quanto ela.

Texto para meditar e visualizar

Este fragmento literário que deveria ser de estudo obrigatório nas escolas incorpora-se como uma contribuição ao melhor autoconhecimento das mulheres. Pertence a "*Diatriba de amor contra un hombre sentado*", de Gabriel García Márques, um dos homens de nossa época que melhor conhece as mulheres. (O outro é Woody Allen, caso você não lembre).

"Você vai completar meio século de vida e ainda não descobriu que apesar das viagens à Lua, apesar das seis suítes para solo de celo, apesar de tantas glórias da alma os seres humanos continuam sendo iguais aos cães. Entretanto sou consciente de como me olham os homens (e algumas mulheres certamente), de como me escolhem à distância, abrem passagem na multidão e vêm até mim, e me saúdam com um beijo que para todo mundo parece convencional, mas que nem sempre o é. De jeito nenhum! A maioria o faz só para farejar-me como os cães da rua, e as mulheres têm um instinto para exalar a alguns um odor que lhes diz que não, e para exalar a outros um odor que diz que sim. Entre as pessoas que conhecemos, ainda entre os amigos mais íntimos, cada mulher sabe quem são os homens que sim, e eles também o sabem. É uma comunidade unida por um pacto confidencial do qual nunca se fala e quiçá não se falará nunca, mas que está aí, sempre alerta, sempre disponível para o acaso.

De forma que chegado o dia não há de faltar um homem que me ame de sobra para despertar-me de amor quando estiver dormindo, para que derrube a porta do banheiro quando estiver fazendo-o esperar demais, para que não lhe assuste ser vampiro em qualquer lua e que seja capaz de fazê-lo como for e onde for e não somente na cama como os mortos. Que esteja preparado para receber a inspiração do Espírito Santo no meio do almoço e que eu o veja no fulgor dos seus olhos e que me tire o apetite com um nó na voz e tapemos os pratos para que a comida não esfrie enquanto vamos ao quarto e voltamos. Um homem que não deixe de fazê-lo comigo porque imagina que não quero, mas que me obrigue a querer fazê-lo mesmo que eu não queira; a todas as horas e em qualquer lugar, como for e onde for, debaixo das pontes, nas escadas de incêndio, no banheiro de um avião enquanto o mundo dorme no meio do Atlântico e que ainda nas trevas exteriores ou nos finais mais cegos saiba sempre que sou a única que está com ele e que sou eu e nenhuma outra a única que foi feita sob medida para fazê-lo feliz e ser feliz com ele até a puta morte".

## Viúva

Vai parecer-lhe raro este raciocínio, porém sua situação, mesmo que triste, é das mais favoráveis. Seu status não tem comparação frente às separadas/divorciadas. E tem uma vantagem adicional: todo mundo parece preocupar-se em apresentar viúvos às viúvas (coisa que podemos jurar que não acontece em outras categorias).

O que gostaríamos é de avisá-la que ultimamente o panorama mudou. Digamos que mudou a polaridade. Os rapazes, sim, eles são agora os que fazem o joguinho histérico de "me dê banho, mas não me molhe". Se você avança se assustam e recuam. Se fica parada fazem caretas, mas não avançam nem recuam, fingem que não vêem. É bom que você saiba.

Um comentário ineludível de Irene L., viúva recente:

"Estava esperando que uma amiga chegasse ao cinema, um sábado à noite e me entretinha vendo passar as pessoas. Depois de olhar um bom tempo me dei conta de que era preferível a dura incerteza de minha manhã frente a esse catálogo de casais oprimidos que desfilavam frente aos meus olhos. Uns pareciam estar 'passeando com a bruxa", outras olhavam as vitrinas seguidas por uma sombra que sustentava os ingressos. Porém o que mais me impactou foi comparar seus olhares paralelos com os gestos ternos dos casais de adolescentes que circulavam pela calçada."

## Sogra

Sua(eu) filha(o) se casou. Acontece com todo mundo, mas você se sente única. Como é isto de me substituírem? Você se pergunta em noites de angústia. A única resposta possível é que é a lei da vida. E quanto melhor tomá-la... melhor para todos. Finalmente não é mais do que ampliar a empresa com sucursais. Mas, como veremos adiante, ser sogra também requer uma aprendizagem.

Próximo de completar cinqüenta e às vésperas do casamento de seu filho, Graciela A., estudante profissional e notória participante de cursos, jornadas e ateliês de extensão cultural, recebeu a seguinte informação:

Distinta Licenciada:

Temos a enorme satisfação de comunicar que você foi aceita como membro titular da APAS (Associação Para a Atualização das Sogras). Simultaneamente fez-se merecedora de uma bolsa para realizar o curso de pós-graduação sobre "As relações interpessoais na sogrice" que, como sabemos, você já há muito desejava cursar sem que houvesse condições.

Tendo regularizado sua situação poderá assistir a este curso que tem um programa ambicioso e muito atualizado já que enfoca a problemática da sogra desde a objetiva perspectiva sogril.

Serão desenvolvidos os seguintes temas:

I. NORAS: sua classificação
   a norinha encantadora
   b. nora com muita personalidade
   c. essa
   d. não – era para meu filho*

II. SOGRAS: sua classificação
   a. mamãe
   b. senhora

---

* A tradução perde o jogo de palavras utilizado pela autora. Assim, no original encontramos: *nu – era para mi hijo;* o que, uma vez retirado o hífen, forma a palavra *nora* (em espanhol *nuera*), além de ser homofônica a *no – era para mi hijo* (não - era para o meu filho). (N.T.)

c. bruxa

d. outras classificações

$d_1$) Escola alemã: Agh!

$d_2$) Escola russa: Estorvo

III. A SOGRA E A SUPERVISÃO DA CASA

a. Técnicas para o controle do pó sobre os móveis

b. Abordagem sistêmica para a detecção de manchas e descosidos na roupa do filho

c. Controle de qualidade e quantidade na alimentação do filho:

$c_1$) Estratégias múltiplas para ficar surpresa.

$c_2$) Diferentes formas de perícia de geladeira, despensa e freezer.

d. Vigilância e constatação de que os enfeites presenteados pela sogra sejam exibidos, como corresponde, em um lugar privilegiado do lar do feliz casal.

IV. DIAS DE VISITA

a. Programas em aberto e fechados

b. Conveniências e prejuízos de ser de casa ou visitante.

V. O COMPLEXO DE MADRASTA DA BRANCA DE NEVE

Sublimação ou potencialização do ódio quando o filho admite que há alguém mais linda e mais inteligente que sua própria mãe.

Ateliê: Elaboração do choque provocado pela tomada de consciência de que a nora cozinha melhor do que a mamãe do nenê.

VI: PRIVILÉGIOS DA SOGRA

a. Perguntar ao casal, tantas vezes quantas forem necessárias e esgrimindo atitudes picarescas, ansiosas, admoestatórias ou simplesmente curiosas "Para quando é a cartinha para Cegonha?"

b. Opinar sobre decoração, economia, horários, gastronomia e educação dos netos.

- Outorgar-se-á o título de "Sogra Sênior".
- O corpo docente é composto por eminentes sogras do país e do exterior.
- As egressas mais notáveis poderão optar por realizar um estágio por países asiáticos do Terceiro Mundo onde, como se sabe, as sogras adquirem o máximo nível de excelência.

## Avó

Se você já é sogra, é muito provável que um dia destes fique sabendo que as crianças estão grávidas. Não se deixe espantar quando chegar o momento. Aceite-o sabendo que ser avó vai sacudi-la como um tornado, não importa o que você tenha vivido até esse momento. Como diriam seus netos, *ser avó é muito forte*.

Portanto não vai te fazer mal ler este pequeno "Teste Imediato da Avó Perfeita" para ver se o seu CA (Coeficiente de Avozice) é suficientemente elevado. Pelos excelentes resultados, esta prova criada em nosso país foi adotada pela UNESCO para os demais países do mundo.

I. VOCÊ FICOU SABENDO QUE VAI NASCER SEU PRIMEIRO(A) NETO(A)

a. Emocionou-se até as lágrimas.
b. Contou à caixa do supermercado e ao senhor que cuida do estacionamento.
c. Esteve nas nuvens uma semana.
d. Pensou que te faria bem fazer um pequeno retoque nos olhos (para parecer mais jovem).

II. NASCEU O(A) SEU(SUA) NETO(A)
   a. Você reviveu o milagre do seu primeiro filho.
   b. Acha que as crianças fazem tudo errado com esse pobre bebê.
   c. Morde a boca para não falar e dizer as mesmas coisas que diziam sua mãe e sua sogra na sua vez.
   d. Pensa que deveria fazer uma aplicação de silicone (para sair melhor nas fotos).

III. PEDIRAM QUE VOCÊ CUIDE DELE(A) PARA IR AO CINEMA
   a. Você teve um ataque de pânico.
   b. Esqueceu tudo o que sabia fazer com um bebê.
   c. Pôs-se a chorar quando fez uma manha.
   d. Pensa que te faz falta um lifting parcial (para apagar as marcas de tanto stress).

IV. COMO VOCÊ NÃO PRECISA EDUCÁ-LO(LA) ESTÁ CONVENCIDA QUE:
   a. Pode comer sorvete às dez da manhã porque contém muito leite.
   b. Pode jantar chocolate porque repõe muito rápido as energias.
   c. Não precisa tomar banho se são onze horas da noite, ele está cansado e quer ver outra vez o Rei Leão.
   d. É uma sorte que tenha casa e pais próprios porque senão você precisaria de um lifting total para restabelecê-la de seguí-lo doze horas pela casa.

## Avaliação

Se você respondeu *Sim* a todas as perguntas e os seus filhos te olham assustados e furiosos como se você tivesse perdido a razão você é totalmente normal, seu CA é superior à media e é bem provável que você esteja precisando de um lifting.

## "Pingentes e fofocas"

Viviana F. nos consulta:

"Minhas amigas usam com orgulho pingentes para cada um de seus netos, informando quantidade e sexo de sua descendência como se fossem medalhas ao mérito.

Eu também queria fazê-lo, mas não tive filhos nem netos, pois só me dediquei a minha profissão.

O que posso fazer?

Reposta: *Por quê você não experimenta pendurar pingentes de seus títulos, ex-noivos, maridos ou amantes?*

Se isso não compensar a sua falta de avozice, te fará mais interessante e atraente.

Uma contribuição de Dolores F.

"Minha amiga Dorita saiu a fazer compras para os seus netos:

Sempre havia escutado o seu neto mais velho dizer que precisava tirar cópias para o colégio. Pensou que ela ainda tinha o mimeógrafo que usava para as práticas do magistério. 'Para quê gastar se ainda estava novinho, guardado no baú?' 'Quão contente vai ficar Jonathan quando vir o mimeógrafo!', pensou. E ela o ensinaria a usar já que era mestre nisso.

Para Tomás escolheu um colete salva-vidas. O tempo todo o ouvia dizer que passava as horas navegando pela Internet. Onde ficaria este rio? Sair para navegar sem colete salva-vidas é perigoso. Os pais de Tommy deveriam estar agradecidos dela pensar em tudo.

Para sua neta menor compraria um boneco do Mickey. Sua nora havia comentado o quanto Paola estava preocupada porque o mouse havia quebrado. 'Que inocente criatura, tem onze anos e ainda gosta de brincar com bonecos!'

Para Sebastián escolheu uma roupa de explorador porque sempre o ouvia falar do Explorer com sua irmã. Ele merece, pois parece que na escola trabalha com o monitor. 'Saiu evidentemente à avó', pensou. Ela também foi escolhida monitora por sua professora no primeiro ano do segundo grau!

Isso sim, os presentes serão levados na semana que vem, porque comentaram que andam com vírus e: não é o caso de se contaminar!"

## Dona de casa

Donas de casa somos todas, gostemos ou não. Pode-se pertencer ao grupo das assumidas/gozadoras ou ao de não-assumidas/problemáticas, entretanto as alegrias e sofrimentos costumam ser muito parecidos. A farra é sair para comer fora; a foda é que todos os parentes cheguem para comer na sua casa.

## Tristezas eletrodomésticas

Esta é uma versão condensada de uma interessantíssima colaboração enviada por Elida V.

"Queria saber se a vocês aconteceu algo parecido nestes dias invadidos por botões, controles e luzinhas vermelhas e verdes.

Certa manhã li no jornal que havia uma oferta de ferros de passar perto de casa. Pensei que era hora de trocar o ilustre e velho ferro que me acompanhava desde que me casei e fui em direção à loja. Uma vez ali, me deixei fascinar pelo desenho futurista, o vaporizador, o termostato de doze temperaturas, o apoio anatômico, a luz de ligado. Ao lado de meu velho ferro prateado, gordinho e de cabo preto era quase um carro.

Olhei-o fascinada (não tanto pelo preço...) e, sentindo que traía o meu fiel ferro anterior, caí nas garras do novo. Paguei a primeira prestação e parti feliz de volta para casa.

Como sou organizada abri a caixa com cuidado e procurei o manual de instruções. Primeiro erro. Só havia três folhas, uma de garantia, uma explicando que só devia ser usado com 110 V (como se em uma casa normal houvesse outra coisa disponível) e o terceiro com um gráfico totalmente ininteligível de como encher o recipiente de água destilada (que certamente não tinha em casa).

O dial do termostato indicava os tipos de tecido. 'Se ponho onde diz algodão posso passar lenços', pensei, e tratei, ingenuamente, de ligá-lo. Segundo erro, porque por mais voltas que desse, era impossível conectá-lo à tomada da parede e o ferro chegar à mesa. Faltava aproximadamente um metro de fio. Não quis me entregar assim simplesmente. Pequei a tábua de passar que não usava há uns dez anos, encostei-a na parede e, oh, surpresa! Pude ligar meu novo ferro aerodinâmico, de cabo branco e tanque vazio por falta de água destilada.

'Quem terá calculado o comprimento do fio deste ferro de passar?', pensei. E respondi a mim mesma: 'O mesmo engenheiro que desenhou minha máquina de costura, minha fritadeira, meu forno e minha geladeira, poderia garantir sem conhecê-lo. Para não falar do processador, do moedor de café e do aspirador.'

Eu sempre estou disposta a experimentar os aparelhos que surgem para supostamente facilitar-nos a vida. Aos dezesseis anos dirigia um carro (podia trocar um pneu e sabia vagamente o que era um carburador e uma vela). Aos dezoito, comecei a lutar com uma máquina de escrever elétrica. Aos vinte e dois me casei e tive que aprender a usar uma máquina de lavar roupas que se não olhasse fixamente despencava do terceiro andar até o térreo, uma batedeira para a qual me faltou um curso rápido de engenharia, mas que batia muito bem as claras e, quando ela queria, picava carne ou fazia suco de laranja em meio a um estrondo digno da Abertura 1812. A vida seguiu o seu curso com certa tranqüilidade, acompanhada por um televisor (preto e branco certamente) que tinha somente seis controles: on, off, brilho, contraste, vertical e horizontal.

Até que chegou a época do dinheiro fácil* e partimos, como todos, para conhecer os controles e mecanismos robóticos do mundo. Dessa época são o nosso freezer e o forno de microondas. (Devo dizer que agradeci os anos em que meus pais me torturaram para que aprendesse idiomas porque os manuais vinham somente em inglês ou francês, traduzidos do japonês). As crianças convenceram o pai a comprar um equipamento de som e trocar o televisor por um a cores. Enquanto isso eu comecei a desenvolver uma sensação nova, semelhante a uma doença mental que não vacilaria em chamar isolamento digital. Em outros termos, diria que os botões me superaram. Porque meu gravador, que dizia *gravar – escutar – apagar* foi substituído por um aparelho de três andares com exatamente trinta e sete controles com indicações tão claras como *bal – equal – on – vol – off – hi – lo* – etc. A secretária eletrônica foi substituída por outra, cheia de botões, claro, e não consegui superar a etapa do *on – off – rew*. Entretanto, me falta aprovar a evolução do *ff – rew – cue*.

Depois entramos na era do videocassete. 'Como, diga-me como, podia um espírito simples como o meu, que havia passado por uma etapa infantil atípica de leitura sem televisão, dominar um aparelho que grava um canal enquanto transmite outro, com três luzes vermelhas e uma verde, onze controles diferentes e uma capinha por trás da qual se encontra um controle igualzinho ao comando central da NASA?

---

* *Dinheiro fácil* — em espanhol: *Plata* Dulce — é uma expressão utilizada pelos argentinos para designar o período vivido na década de oitenta, quando do início da paridade entre o dólar e o peso, o que fazia com que o poder aquisitivo fosse elevado (N.T.).

Não pude. Limitei-me a pedir que gravem algo para mim quando preciso. E como em geral ninguém atende o meu pedido, continuo lendo bastante.

Também tenho um forno com uma luz que não dá para ver se a torta está queimando, queimadores tão difíceis que se vasa o leite prefiro sair correndo de casa a limpá-los, uma máquina de costura cuja sapatilha inevitavelmente quebra minhas unhas, uma geladeira na qual nunca cabem garrafas suficientes, um aspirador que solta a mangueira a toda hora e que, para compensar, quando trabalha mais de dez minutos entope totalmente e tem-se que sacudi-lo. Também tenho uma fritadeira que é melhor jogar fora do que limpar, uma lavadora de roupas muito mais moderna que a anterior que se alimenta de amaciante azul cremoso, mas que jamais deixa as toalhas suaves e uma máquina de lavar louças que decide que dias da semana vai enxaguar bem os copos. Desenhados, obviamente pelo mesmo engenheiro, homem, de que falávamos antes.

O que me leva a uma espécie de nostalgia genética quando recordo minha avó amassando talharim caseiro na cozinha de sua casa. Com o rolo fazia tudo."

## Mãe

Como é de conhecimento popular, mãe só tem uma. Isto representa um inconveniente de tipo técnico, porque não é suficiente. E mais, existe um problema de desenho. Se as mães fossem feitas como os polvos com oito braços, tudo seria mais fácil para elas.

A situação não melhora muito com o passar dos anos. Variam as situações, mas continuam sem conseguir os braços.

## Manhã difícil

Uma confissão íntima de Marta P. que mereceu o nosso comentário.

"Certamente te aconteceu algo assim", nos relata:

"Você dormiu mal à noite, bateu na quina da cama, fez um hematoma daqueles que duram quinze dias e que fazem com que todos te perguntem: 'Seu marido te bateu?"

Chegou na cozinha em busca de um café que te ressuscitaria para descobrir que só faltavam patinhos para completar o quadro provocado pela máquina de lavar roupas que esteve vazando água a noite toda. Juntou forças e secou tudo enquanto as torradas queimavam e o leite derramava. Uma das crianças entrou resmungando pelos seus chinelos e o outro perguntando: 'Por quê nunca encontro as cuecas?' Sua filha, habitualmente alegre, apareceu reclamando porque a camiseta que tirou na noite anterior não estava lavada nem passada.

Decidida a sobreviver, viu o banheiro desocupado e quis aproveitá-lo. Olhou-se no espelho e só pode emitir um grito de troglodita e correr para o telefone para perguntar ao médico se a feiúra é uma enfermidade terminal.

Bom, sim, há outras manhãs, em que os passarinhos cantam, seu marido se barbeia assoviando (e não reclama porque o café está muito quente e não pede que você pegue a camisa que quer vestir) e as crianças sorriem ao desjejum. Por alguma razão, estas últimas são escassas, ao menos no meu caso.

Às vezes me lembro de uma senhora que ia à praça onde eu levava as minhas crianças. Nunca soube o seu nome, mas estava sempre ali. Jamais chegava correndo depois de ter feito cem coisas nem tinha que voltar correndo porque a esperava um encanador que se não a encontrasse não ia voltar nunca mais. Ou sua casa não tinha canos, ou não tinha artefatos elétricos, ou deve ter-se aborrecido muito durante esses anos.

Eu nunca sei o que me proporcionará o amanhã. Quando penso em dormir um pouco mais alguém me pede que o acorde às seis para estudar. Quando decido tomar um chá com uma amiga, meu marido precisa que faça coisas urgentes, o carro quebra e uma criança tem febre. Isso se tudo estiver tranqüilo. Em casos piores um pedreiro quebra uma parede, o técnico de televisão diz *dançou* e o carvão ativado para a bomba de água (não tem nenhuma gota na caixa) consegue-se somente a 20 quilômetros de casa. Completam a cena oito pessoas que vêm jantar para fechar um negócio importante.

Há dias, efetivamente, em que quando meu marido pergunta 'Como foi o seu dia?', a única resposta que me vem é um urro que deixaria o Tarzan surdo."

*Querida Marta P.:*

*Como não se deve ser negativa porque os pensamentos negativos arruínam o humor e a pele, queremos fazê-la notar que sua situação, comum a muitas outras mulheres, tem algumas vantagens:*

- *Com esse ritmo é provável que você não engorde, porque come pouco, mal, de pé, falando ao telefone (e, além disso, porque todos os digestivos conhecidos são de baixas calorias).*
- *Você não precisa de aulas de ginástica nem de gastar em uma bicicleta ergométrica; com o subir e descer as escadas, carregar e descarregar as compras do supermercado e entrar e sair da casa trinta vezes por dia consegue competir nas Olimpíadas.*

- *Economiza muito dinheiro em remédios porque cada vez que você consulta o médico ele diz que você não tem nada e te dá Lexotan de 3 mg.*

## O NINHO VAZIO

Uma nova contribuição de Juanita F., que continua indo ao ateliê literário.

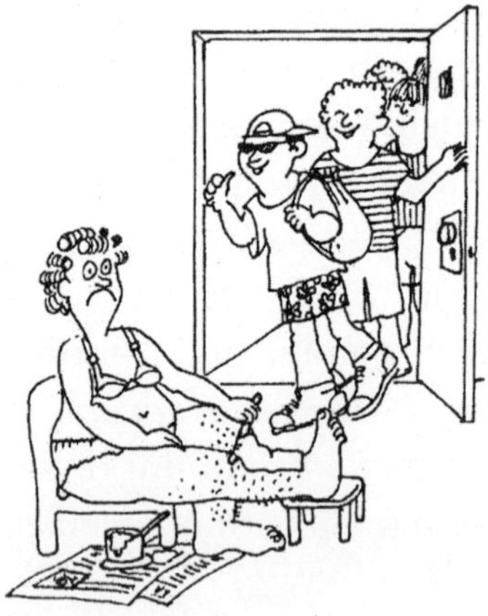

*— Mãe, mudamos os planos, viemos comer em casa.)*

À praia eu cheguei
para passar minhas férias
Projetos e ilusões
de descanso cogitei.
Com mil sutis sermões
aos meus filhos roguei
o veranear em família
e convencê-los logrei.

Sem sequer consultar-me
e sem considerações,
meus filhos, que são sociáveis,
a todos os seus amigos
mandaram convites
que foram bem aceitos;
e ante minha visão assustada
sobrevieram ataques
de jovens veranistas
que sem duvidar um instante
acomodaram-se contentes
nas camas e poltronas.
... e das férias em família
só ficaram ilusões.

Para completar os males,
os visitantes e os de casa
roubaram-me as revistas,
a televisão, os jornais,
a geladeira, até o rádio.
O carro, somente o vi
quando troquei o lubrificante.
A desordem imperante
na qual me submergiram
tornaram muito vacilante
minha passagem por suas guaridas:
sujeiras escondidas,
meias ameaçadoras,
pratos sujos de comida
areia por todas as partes
as luzes sempre acesas
a música estrondosa
e em pouco mais de um instante
modificaram minha vida!

De repente me tornei
lavadeira e mucama
telefonista hábil,
cozinheira diplomada,
secretária, porteira,
boy, recepcionista,
*escoteira* que sempre está pronta
para fugir dos imprevistos.
Geladeira sempre cheia.
Armários sempre abastecidos.

Até que chegou um dia
em que sem explicações,

os de casa e os visitantes
cumprindo as obrigações
de repente todos se foram:
estudos, outros compromissos
uma noiva de quem se tem saudade...
E só, como uma ermitã
terminei minhas férias.

Que triste ficou a casa!
Que silencio no quintal!
A tarde adormecia
nas silenciosas sacadas
e amanhecia cedo
sem queixas nem discussões
em uma ordem desvelada.

E à rua eu saí só
chorando a minha aflição
tanto sinto a falta deles!
quanto os quero!
apesar de perturbarem minha vida
em casa eu os prefiro!
Com sua desordem, seus ruídos
seus horários, suas visitas
sua indolência e indiferença
sua irresponsável ousadia.
Sinto falta deles e não posso
viver sem sua companhia!
A casa está muito só!
A casa está vazia!

Não há compras, nem correria
que sou dona de minha casa,

de andar de camisola,
de discutir à vontade
ante uma mudança de opinião.
Posso escolher os programas
de rádio e televisão.
O que deixo arrumado
encontro como deixei.
Da torta que comprei
ainda me resta um pedaço!

E então enquanto chorava
pela solidão em que eu estava
no espelho me vi:
e percebi com desânimo
que quanto mais me afligia
mais o nariz crescia,
como o Pinochio do conto.

## O NINHO MUITO CHEIO

Angustiado relato de Otilia W.

"Estou desesperada:

Meu filho e minha nora estão reformando a casa, por isso acomodaram-se na minha junto com seus três filhos de 2, 4 e 5 anos enquanto durar a reforma que já leva dois meses.

Minha nora está encantada, porque tem a possibilidade de sair todas as noites, já que — diz — pode deixar com confiança e tranqüilidade as crianças, pois 'ninguém cuida melhor deles do que a avó'.

Durante as tardes, ela que é tão sociável, convida suas amigas com os seus filhinhos para que as crianças se divirtam.

Por outro lado minha filha, que vive em Córdoba, ao inteirar-se de que tenho visitas, decidiu 'dar uma escapadinha' para que os priminhos se vejam e, ao mesmo tempo, já que cuido dos filhos de seu irmão, me encarrega também dos três dela, oportunidade em que aproveitará para fazer uns cursos interessantíssimos que se ministram na Capital.

Amo os meus filhos, adoro os meus netos, me "dou" com minha nora, mas tê-los a todos juntos me vence.

Por outro lado, temo ferir seus sentimentos, que meus filhos deixem de me amar e que minha nora me critique e me ponha contra os meus netos e o meu filho se lhes disser que me sinto invadida.

Pensei em emigrar, suicidar-me ou embriagar-me. Aconselhem-me. O que posso fazer? Somos onze em casa!"

Resposta: *Tudo menos se embriagar. Você corre o risco de ver em dobro.*

## Vítimas do Dr. Spock

Esta reflexão devemos à senhora Lina D. e a algumas de suas amigas.

"De repente numa manhã... chegou o Dr. Spock. Desde a brilhante contracapa de seu livro, que em seguida tornou-se de cabeceira, seu sorriso bonachão invalidou os métodos que serviram a minha bisavó, a minha avó e a minha mãe para educar os seus filhos.

Minhas amigas e eu o lemos com devoção para saber como realizar o próximo movimento no tabuleiro da relação com nossos filhos. E nos sentimos modernas, inovadoras, quase revolucionárias. Mesmo quando tivemos que deixar que os inocentes subissem nos sofás da sala (porque a casa era para que toda a família a desfrutasse), que tocassem as paredes com os dedos cheios de doce de leite (porque não tinha que inibi-los em suas expressões plásticas), que não juntassem os seus brinquedos (porque os brinquedos não tinham que estar associados à rigidez da ordem, eram para brincar como o seu nome indica). E que não tomassem banho se não quisessem (porque na realidade não está escrito que se tem que tomar banho todos os dias e menos ainda na mesma hora), e que comessem bananas e caramelos até que tivessem vontade de comer carne e verdura (porque a gente deveria lembrar-se do traumático que tinha sido comer alimentos de que não gostávamos) e que dormissem muito tarde quando seus pais já estavam desmaiados de esgotamento (porque senão tínhamos que nos sentir culpados de não participarem da vida familiar), e, e...

E nós, Benjamín? Nunca lhe ocorreu pensar como ficávamos depois de limpar as pegadas dos sofás, tirar as manchas de dedos das paredes, guardar os brinquedos, tentar lhes dar banho quando não se via a cor de suas caras, cuidar para que comessem algo parecido com comida e deitá-los antes de nos arrastarmos para a cama?

Passaram os anos, passou a moda do seu livro e agora precisamos de você para que nos responda o que fazer com estas crianças educadas seguindo ao pé da letra os seus conselhos."

Pergunta Genoveva de Floresta: "O quê devo fazer, Dr. Spock, quando meu filho de vinte e cinco anos que ainda não deseja ir viver sozinho, que não estuda nem trabalha, traz para minha casa (porque é sua casa também, não?) uma chatinha que me apresenta como sua noiva e pretende que eu a adote, pois os seus pais a colocaram para fora de casa. Ela se apossa do quarto do meu filho, deixa seus cabelos na pia do banheiro, a toalha molhada jogada no chão e o cheiro de tabaco na casa (que meu filho, que não fuma, aspira durante toda a noite). Sai da ducha com o cabelo molhado vestida só com a camisa que demos de presente ao nenê no seu aniversário entreaberta e assim se senta para o desjejum, perguntando se não tem torta dietética ou iogurte desnatado. O que se faz, Dr. Spock, com essa menina, o que se diz a esse filho?"

"O que faço, Dr. Spock", pergunta Marta de Belgrano, "com minha filha de dezessete anos que, decidida a *viver sua vida e fazer sua experiência* nos apresentou o seu novo namorado, seu professor de salsa, um cubano de trinta e oito anos com quem decidiu ir para Cuba, usando suas economias para comprar duas passagens (o professor é um artista e não tem dinheiro). O que se faz, Dr. Spock, o que se faz?"

## Filha

Ter os pais vivos é um privilégio, mesmo que muitas vezes, com o passar dos anos, eles terminem sendo como nossos filhos. É o momento de por em prática uma segunda maternidade com o mesmo amor e paciência estreados tantos anos atrás com nossas crianças.

## Internamos a mamãe

Rosalia é filha única. Sua mãe tem oitenta anos e é loquaz, lúcida, inteligente, coquete, independente e teimosa. Certamente não aceita ter nenhuma pessoa vivendo com ela. Para que precisa de alguém em casa? Para cozinhar, para ficar sentada no meio da sala tirando-lhe a privacidade? Ela se ajeita bem sozinha, não precisa de ninguém. De ninguém, salvo Rosalía.

Sua filha tem que visitá-la todos os dias, fazer compras e as coisas do dia-a-dia e escutar suas freqüentes queixas de tédio, insônia, constipação, diarréia, artrite e resfriados.

A mãe de Rosalía jamais quis se mudar para perto de sua filha e conserva sua velha casa em Floresta, que precisa de constantes reparos já que apresenta problemas contínuos de encanamento, umidade, calefação, persianas que emperram e artefatos que se decompõem. A casa de Rosalía tem os mesmos problemas, mas é no bairro de Núñez.[20]

Faz algumas semanas Rosalía, como de costume, foi visitar a sua mãe. Encontrou-a perturbada, enjoada. Imediatamente chamou um médico de sua obra social que, depois de examiná-la, aconselhou interná-la para diagnosticar o problema.

Depois de vários exames, que certamente precisavam da autorização da obra social e que Rosalia se encarregou de administrar, levar, apresentar, carimbar, comprovar, solicitar, trazer, tornar a levar pela falta de um carimbo e a omissão de uma data e finalmente, apresentar a autoridade pertinente, diagnosticou-se um pico de pressão (cuja causa, depois confessou a frágil paciente, foi uma briga com a vizinha).

Os médicos julgaram que devia permanecer em observação mais alguns dias. As viagens de Rosalía ao invés de ser de um ponto ao outro se converteram em excursões

---

[20] Floresta e Núñez são dois bairros de Buenos Aires muito distantes entre si.

triangulares: de sua casa ao hospital, dali até a casa de sua mãe e o retorno no mesmo itinerário.

A doce senhora, com a urgência da internação, não tinha trazido os seus cosméticos. Obtidos estes, pediu o penhoar rosa, depois sua camisola nova para receber as visitas. Tinha que pagar o jornaleiro, descongelar a geladeira, alimentar os passarinhos, regar as plantas, avisar a vizinha do lado para que fosse visitá-la, trocar a revista que havia trazido porque não era a que ela gostava e renovar os prazos fixados. Havia baixado as persianas em caso de chuva?

A mamãe de Rosalía prosperava entre os cuidados das enfermeiras, o descanso, a diversão do ir e vir de médicos, as companheiras de internação com as quais conversava nos corredores, as visitas de amigos e parentes e, certamente, da filha que a cada vez chegava carregada com o último capricho da doce velhinha.

Finalmente deram-lhe alta. Sã e vistosa quis que a cabeleireira da clínica lhe tingisse e penteasse os cabelos e lhe fizesse as mãos. A enfermeira, estudante de cosmética, lhe ofereceu a maquiagem e ela decidiu estrear o blazer azul que lhe haviam presenteado em seu aniversário.

Rosalía, entretanto, extenuada, cansada, sem tempo para se maquiar ou pentear, encolhida, curvada pelo esforço de tamanha mão-de-obra, foi pegar a sua mãe.

Mamãe, recuperada e altiva, partia de braço dado com Rosalía, desgastada e exausta.

A enfermeira chefe, que recentemente havia se encarregado da ala, aproximou-se. Mesmo não tendo tido um contato muito próximo com a paciente, quis despedir-se com uma frase apropriada.

Segurando no ombro a mãe de Rosalía, levou-a a um canto e, olhando com ternura para Rosalía que, pálida e debilitada, esperava o radiotáxi, lhe disse em óbvia confusão: "Querida, sua mamãe vai se recuperar, não se preocupe."

## Empregada / profissional / empresária / dona de casa / esposa / filha e mãe (atividades gerais)

### Investigação

Em uma pesquisa realizada entre candidatas aos grupos de estudo do MAM (Mulheres de Atividades Múltiplas) perguntaram-lhes:

Como se sente tentando conciliar os múltiplos papéis da mulher atual?

- 50% respondeu: "Cansada, muito cansada."

- 10% respondeu: "Consegui conciliar o sono, mas não os papéis."

- 10% respondeu: "Consegui conciliar os papéis, mas não o sono."

- 10% respondeu: "Não tenho tempo para pesquisas."
- 7% respondeu: "Não consegui conciliar nada."
- 1% corresponde a: "Não sabe, não respondeu."
- 12% não pode responder porque a camisa de força lhe impedia de segurar o formulário.

Texto para meditar e visualizar

A síndrome de túpac amaru

Competir ou não? Porque é coisa de homens. Trabalhar ou cuidar das crianças? Estudar ou dedicar-se as tarefas domésticas? Crescer e triunfar ou deixar tudo para que a competência não arruíne sua vida? Brilhar ou não para não despertar inveja? Em Buenos Aires, a maioria das mulheres que se destacam por seus empreendimentos se divorciaram. A estatística não é do INDEC[21], mas parece importante. Ao mesmo tempo, quase trinta por cento das casas são uniparentais a cargo de uma mulher. Esta estatística é do INDEC e parece importante. Como se faz para não se sentir traidora e seguir adiante pelo duro caminho dos pioneiros, construindo novos papéis? É quase certo que recorrendo às mães, tias, irmãs, amigas, vizinhas e empregadas, todas mulheres, que são aquelas que não costumam falhar nos momentos de crise. Nesses momentos se estabelece uma rede solidária tácita regida pelo princípio do "hoje para você, amanhã para mim". Por alguma razão pouco clara, nessas mesmas crises, o varão da espécie tende a estar ocupado com outras coisas.

[21] Instituto Nacional de Estatística e Censos.

# Capítulo 4

## Estudo comparativo de diferentes exemplares da espécie

*Reneé deve estar diminuindo a sua idade. Diz que não precisa de óculos, que não lhe dói nada e que dorme até as 11.*

A espécie humana, como se sabe, é complexa. Por isso é interessante estudar casos diferentes nos quais se possam comparar as reações de diferentes personalidades ante um mesmo estímulo importante. No estudo seguinte a cinqüentona oferece dados de enorme valor informativo.

## Trabalho de campo. Reunião de ex-alunas

Investigação, observação, avaliação e acompanhamento de um grupo de testemunhas que proporciona verdadeiras possibilidades de análise. Oferece uma excelente oportunidade para realizar uma amostragem em um corte transversal de uma determinada população. Ilustra como se manifesta a cinqüentona em um grupo heterogêneo de contemporâneas.

A contribuição seguinte é um trabalho conjunto de Amélia F. e Ana Maria S.

"A reunião de egressas da Escola Normal realizou-se, como de costume, na primeira sexta-feira de novembro, no mesmo Café onde festejamos todos os anos.

Completávamos trinta e cinco anos! E as organizadoras (por sorte sempre há alguma) esmeraram-se como nunca em recrutar elos perdidos e ajudantes remissas.

As cinco em ponto começaram a chegar nossas queridas companheiras do segundo grau: produziu-se ali uma inevitável falação de conversas cruzadas, com as identificações e as surpresas habituais. O enlouquecido perguntar, contestar, comentar e recordar começou a crescer anarquicamente, provocando um movimento telúrico de aproximadamente 8 pontos na escala Richter que ameaçava derrubar as xícaras de chá sobre os mistos-quentes. Nesse momento alguém decidiu organizar a reunião, solicitando às participantes que, uma a uma e em ordem, fossem contando o sucedido desde a última vez que nos tínhamos visto.

Foi assim que Clara tomou a palavra.

Relatou que ao terminar o segundo grau, depois de alguns anos de noivado, casou-se com o seu atual marido. Dedicou-se a sua casa e aos seus filhos, e agora que estes estão crescidos (as crianças) e ela com muito tempo livre, começou a freqüentar cursos de culinária, tema de que sempre havia gostado e que lhe ajudou a manter satisfeita a sua família. Além disso, acrescentou, tinha um pretexto para sair de casa e — por quê não — para uma "aventurazinha", sem que o seu agressivo e ciumento marido suspeitasse.

Inscreveu-se em quantos cursos de culinária encontrou, a tal ponto que, deformada profissionalmente, sua conversa só girava em torno de temas gastronômicos. Tinha um olho roxo e o que se segue é o seu relato:

'O *gorduroso* do meu marido me deu um *bife*; tem que ser *galinha* para bater em uma mulher. Mas a verdade é que me pegou com a mão na *massa*, *afiando* com o *churro* que vive na outra *maçã*. Foi aí que me deu um *nhoque*, com tanta *polenta* que me deixou com um olho em *compota*.

Estou certa de que foi *cachorro quente*, o *alcachofra* do porteiro, que *bateu* para ele. Está *quente* porque com ele não passa *laranja*. E bom, armou-me a *rosca* — meu marido se levantou com toda a *mostarda*, como *leite fervido*.

Como o *forno* não estava para *bolos*, eu — o que podia fazer? — fiquei na *forma*, porque é ele quem apaga a *panela*. Então, fiquei como *mussarela*, porque senão, não me dá uma *manga*. E apesar de me dar no *fígado*, fiz das *tripas coração* e tratei de acalmá-lo. Fiz-lhe um *cozido*, seduzi-o mexendo a *rabada* e mostrando o *peito*. E mesmo sendo um osso duro de roer, se *derreteu* como *manteiga*. Disse que eu era a sua *pintinha* e eu disse que ele era meu *doce de leite*. Mais tarde, para festejar a reconciliação, fomos dançar *salsa* e *merengue*.

Mas eu sei que ele ficou com a *espinha* atravessada, que não *engoliu* o *pedaço* e, como é boa *tangerina*, vai me

---

* Durante este relato optamos por manter a tradução utilizando os termos culinários a fim de seguir o desenvolvimento da autora. Entretanto, julgamos necessário esclarecer alguns termos que no português não portam o mesmo sentido figurado do espanhol. Alguns termos até se aproximam do português, mas são pouco utilizados. Assim, com todas as perdas que uma tradução comporta, manteremos aqui o sentido mais próximo do que acreditamos ser a intenção da autora:
O *grosso* do meu marido me deu uma *bofetada*; tem que ser *covarde* para bater em uma mulher. Porém a verdade é que me pegou com a mão na *massa*, *flertando* com um *homem lindo* que vive no outro *quarteirão*. Foi aí que me *nocauteou*, com tanta *força* que me deixou com um olho *roxo*.
Estou segura de que foi *cachorro quente*, o *cagüete* do porteiro, que *bateu* para ele. Está *furioso* porque com ele *não tem nada a ver*. E então, armou a *confusão* — meu marido se levantou muito *irritado*, como *leite fervendo*.
Como *a coisa* não estava para *brincadeira*, eu — o que podia fazer? — fiquei na *minha*, porque é ele quem *manda*. Então, fiquei *calada* porque senão, não me dá um *tostão*. E mesmo *ficando com raiva*, fiz das *tripas coração* e tratei de acalmá-lo. Choraminguei, seduzi-o mexendo a *bunda* e mostrando o *peito*. E mesmo sendo um *osso* duro de roer, se *derreteu* como *manteiga*. Disse-me que eu era a sua *pintinha* e eu disse que ele era meu *doce de leite*. Mais tarde, para festejar a reconciliação, fomos dançar *salsa e merengue*.
Mas eu sei que ele ficou com a *espinha* atravessada, que não *engoliu* a *história* e, como é *muito mandão*, vai me fazer pagar a *conta*. Assim, eu vou *deixar* o *pudim* de *maçã* ao lado esperando. Porque, com esse *lombo assado*, essa pele de *azeitona*, esses olhos de *amêndoa*, esse cabelo cor de *mel*... Não posso tirá-lo do *pensamento*!' (N.T.)

fazer pagar o *bolo*. Assim, eu não vou fazer *pêra* para o *pudim* de *maçã* ao lado. Porque, com esse *lombo assado*, essa pele de *azeitona*, esses olhos de *amêndoa*, esse cabelo cor de *mel*... Não posso tirá-lo do *mate*!'*

Ao escutá-la todas nós pensamos que evidentemente Clara havia encontrado sua vocação e inspiração na arte culinária e que a gastronomia era o seu *prato forte*.

Terminadas as saudações e beijos, a admiração e surpresa que se repetiam diante de cada aparição de uma nova convidada, Nené, a quem comumente chamávamos "a mentira", porque tinha pernas curtas, tomou a palavra e nos contou que já ia para o seu quarto marido.

Marisa, nossa solteira assumida e liberada (compadecida por algumas e invejada por outras), cutucou Liliana e comentou: 'Pernas curtas, mas de passadas largas!'

Maria Rosa devolveu a cutucada e perguntou: 'Como faz para encontrar tantos caras, consegue-os em *leasing*?' Acabava de se separar e ainda sangrava a ferida. Com tristeza filosofou: 'Como as geladeiras, antes os maridos duravam mais.'

Gabriela, que luzia esplêndida e radiante, comentou que estava passando pelo melhor momento de sua vida. Alguns meses antes, tinha se livrado da sua insuportável cara metade e, assessorada pelo seu brilhante advogado, havia conseguido ficar na partilha dos bens com algumas fatias a mais do que a que lhe correspondia.

No meio da reunião, no reservado em que nos haviam isolado os donos do Café — quiçá para não afugentar o resto da clientela — irrompeu um ser desconhecido, que cumprimentou com sinceridade e carinhosamente cada uma das presentes. As que a viam melhor, não puderam identificá-la. As que não viam, mas que não estavam dispostas a colocar os óculos nem admitir sua necessidade de usá-los, saudavam e retribuíam os elogios e sorrisos. Parecia uma versão moderna de 'As roupas do imperador', na qual nós atuávamos como as pessoas do povo que não se atreviam a dizer 'o imperador está nu'!

Ninguém pode adivinhar quem se escondia atrás dos silicones, da pele esticada e do nariz esculpido. Ninguém reconheceu o sorriso de porcelana que carnudos lábios mulatos deixavam ver. Grandes brincos tapavam os esticados lóbulos e mechas cuidadosamente trabalhadas pelo cabeleireiro escondiam os vestígios das costuras.

Quem seria? Perguntávamo-nos fazendo a chamada mentalmente e sem encontrar resposta. Ela permaneceu um tempo olhando com assombro, sorrindo com amabilidade e fazendo as únicas caretas que as sucessivas cirurgias lhe permitiam. Aos quinze minutos se desculpou, cumprimentou a todas e se foi apressada, quiçá temerosa de que o carro se convertesse em abóbora. Com menos sorte que no tango, nem sequer pela voz a reconhecemos.

Pouco depois, Marita, gozando antecipadamente a primícia que trazia, tirou de sua carteira um recorte do jornal *La Razón* de 14/8/98 que trazia cuidadosamente dobrado. Indignada leu:

'Um jovem de vinte e seis anos abusou sexualmente de quarenta mulheres acima de quarenta e cinco anos. Meninas — acrescentou —, isto deveria despertar em nós certas reflexões. Um vizinho disse que iam matá-lo, o cronista disse que <<ultrajou>> uma <<anciã>> de sessenta! O que está acontecendo meninas? — perguntou. Se todas essas mulheres caíram na armadilha foi porque responderam aos seus convites quando as procurava. E se uma

senhora de sessenta se sente atraída por um rapaz de vinte e seis, merece ser chamada de anciã? Diriam o mesmo de um homem da mesma idade que saísse com uma jovenzinha de vinte e seis? Diriam que se deixou ultrajar? Meninas, alguma coisa anda muito mal. Ou se trata do eterno jogo de dois valores? Pensando bem, talvez devêssemos festejar a este rapaz que, ao contrário da norma, reparava nas mulheres de mais de quarenta e cinco, a faixa menos observada do sexo feminino. Vocês não acham?

Todas estivemos de acordo. Inclusive Gabriela que, um pouco dissimuladamente, tentou descobrir em que bairro vivia esse encantador rapaz.

Enquanto nos recompúnhamos da agitação desencadeada pela polêmica e o garçom retirava os restos do ágape para servir a infalível taça de champanhe, sem que soubéssemos como nem quando a mesa viu-se coberta de fotografias de um bebê. Não podíamos crer no que viam os nossos olhos: Mechi, que em reuniões anteriores não tolerava que outras mostrassem mais de duas fotos dos netos, tinha tirado mais de cem fotos instantâneas e se dedicava a contar as maravilhas e precocidades de sua neta que, certamente, não podia ser comparada com nenhuma outra da cidade, do país, do mundo.

Teresa, pondo a mão sobre a boca e falando sigilosamente a María Inês lhe disse:

'Você não sabe o que me aconteceu quando estava para atravessar a rua ao vir para cá! Uma velha apressada me empurrou e quase me fez deixar cair os cravos que trouxe para repartir entre as meninas. Deu-me tanta raiva que gritei << Velha imbecil, por quê não olha por onde anda!>> A velha nem se deu por entendida. Eu demorei um pouco, comprando o filme para a máquina de fotos e quando entro aqui vejo a velha beijando as que já haviam chegado. Era Juanita! Você a reconheceu? Fazia mais de dez anos que não vinha às reuniões... Como mudou! Não posso acreditar que Juanita, essa velha, seja a minha companheira, a minha colega. Ela e eu, nascidas no mesmo ano, que vestimos a mesma saia pregueada, estudamos nos mesmos resumos Lerú, fizemos as mesmas colas, usamos o mesmo modelo de saia-calça para fazer ginástica, cantamos com fervor Febuapareceeseusraiosiluminam*... Jura que em mim os anos não se notam tanto!'

María Inês jurou, mas ela também ficou em dúvida e deprimida, tanto que se escondeu no toalete para não sair nas fotos que tiramos como encerramento de nossa reunião com as colegas de colégio."

---

* No original Febuasomayasusrayosiluminan... Refere-se a uma canção que as crianças argentinas cantam na escola em homenagem ao General San Mantín, chamada *Marcha de San Lorenzo* e que quer dizer: Febo aparece, e seus raios iluminam o histórico convento... (N.T.)

## Você não é a única: As famosas também completaram cinqüenta

Dentre as histórias que acompanharam nossa infância (a maior parte delas escrita aparentemente por sádicos), *Branca de neve e os sete anões* deixou uma marca indelével. Impossível esquecer quando a rainha malvada se olhava no espelho para perguntar: "Espelho, espelho meu, existe alguém mais bela que eu?". De tanto lê-lo chegamos a acreditar que temos que nos ver sempre linda diante de um espelho. Porque nos contos as rainhas, as princesas e os príncipes sempre são belos.

Entretanto, te ocorreu pensar o que teria acontecido em uma realidade mais próxima da vida e mais afastada da fantasia? As grandes personagens da literatura também devem ter tido dias ruins como nós. O que acontece é que ninguém os imagina com cinqüenta anos. Basta recordar que Sissi, empenhada em seu papel de princesa, não se deixou fotografar depois dos quarenta anos.

Imaginemos as famosas passando pela quinta década.

### A cinderela

Igual a suas irmãs, não pôde calçar o sapatinho de cristal. Os esforços do príncipe teriam sido inúteis devido ao maldito joanete.

### A gioconda

Ficaria sem sorrir até que terminassem as próteses e pudesse colocar colágeno nos lábios. Com o novo look faria sucesso nos *castings* dos ateliês de outros pintores famosos.

## A vitória de samotracia

Supomos que teria perdido a cabeça num lifting e numa lipoaspiração de papada muito severa.

## A estátua da liberdade

Ao ver como pendiam as carnes flácidas de seu braço levantado teria optado por mudar a forma de sustentar a tocha.

## A bela adormecida

A verdade é que nunca teria dormido cem anos sem Lexotan. E o príncipe não teria conseguido lhe dar um beijo para quebrar o feitiço e despertá-la: os cremes nutritivos e humectantes o fariam escorregar em cada tentativa.

## Chapeuzinho vermelho

Ao vê-la (não muito nitidamente devido à sua presbiopia) o lobo se aproximaria faminto. Lambendo os beiços, esticaria suas ávidas garras e a agarraria pelo braço. Ao senti-lo flácido pensaria: "Pouco exercício". Comprovaria o aumento de suas cadeiras, a gordura de seu traseiro, a celulite de suas pernas e a adiposidade de seus pneus e pensaria: "Muita gordura". Finalmente se afastaria sem apetite já que por conselho médico devia cuidar de seu colesterol.

## Julieta

Teria que ajudar o Romeu a passar sua volumosa pança por cima do balcão da varanda, o que seguramente tiraria todo o romantismo da cena.

## Mariquita sánchez de thompson*

Para festejar seus cinqüenta cantaria pela primeira vez o Hino da Cinqüentona em uma reunião de solitárias e solos** organizada no "Crazy Soap Coffee Shop" (ex-Fábrica de sabão de Vieytes).

---

* Trata-se de María de Todos los Santos Sánchez de Thompson y de Mendeville, considerada como o símbolo da mulher argentina do passado pelo seu brillantismo e pela simplicidade de seus atos (N.T.).

** Em espanhol *solas y solos*, o que permite o duplo sentido da frase, onde também se pode ler "solitárias e solitários" (N.T.)

## George sand

Deixaria de usar suas lânguidas roupas masculinas com as quais encantava Chopin entre românticos prelúdios. Mudaria o look para combinar com recitais do sexy Sandro[22].

## Lady godiva

Não teria cabelo suficiente para cobrir sua dilatada anatomia.

---

[22] Cantor argentino que enlouquece as mulheres maduras.

Capítulo 5

# Técnicas de sobrevivência. Os cinqüenta por sua conta

## Não deixe que te surpreendam. Vacine-se contra a DPC (Depressão pós-cinqüenta)

*Plano preventivo e terapêutico recomendado pela OMS (Organização de Mulheres Superadas)*

Assim como a varicela, o sarampo e a caxumba são enfermidades da infância, a síndrome da Depressão Pós-Cinqüenta (DPC) sobrevém na segunda metade da vida.

Sua evolução, duração e seqüelas dependerão do seu estado imunológico e do grau de informação que você possui. A seguir indicam-se alguns modos de neutralizar este mal:

### I. Prevenção

a) Estar sempre ocupada e com projetos. A chave está em "ter algo para fazer, algo para amar e algo para esperar".

b) Não esqueça de fazer o seu PAP (Prevenir Angústia Pós-Aniversário) anualmente. Não há melhor prevenção do que se localizar e se assumir.

### II. Ataque ou aura

De repente você se vê refletida em um espelho ou uma vitrine sem ter-se proposto, sem ter tomado a precaução de encolher a barriga, endireitar as costas, cavar as bochechas, sorrir e levantar a cabeça para esticar a papada incipiente... e ali sobrevém o desastre já que você se vê como te vêem quando não sabe que te olham. Esse é o período mais crítico.

Outro momento delicado é o de preencher pela primeira vez um formulário no qual pedem a sua idade e você tem que escrever: cinqüenta!

## III. Manifestações ou sintomas

- Aumento da depressão.
- Diminuição da auto-estima.
- Desejos de emigrar para o Irã, onde as mulheres só mostram os olhos e com um par de óculos escuros resolve-se tudo.

## IV. Tratamento

Abrir-se com as amigas, grupos de auto-ajuda e psicoterapia são indicados. Se o problema segue resistente e difícil de erradicar pode-se recorrer à cirurgia, à lipoaspiração, ao botox, aos fios de ouro, às próteses ou ao silicone. Isto não solucionará o conflito, mas te manterá ocupada.

## V. Convalescência

- A cinqüentona não precisa de quarentena.
- O tratamento é ambulatorial.
- A DPC não requer isolamento e não demanda repouso.
- Tampouco costuma ser contagiosa.
- Não foram observados casos nos quais o mal dure mais de dez anos já que o quadro termina quando a paciente completa sessenta anos, momento em que certamente é dada a alta. Então podem sobrevir outros sintomas... mas essa é outra história.

## Não será hora de fazer um reparo? Associe-se a ACA (Associação Cinqüentonas Assumidas)

Seu convênio, através da ACA, lhe oferece a possibilidade de um controle anual gratuito, para que você lide melhor com o percurso.

Na ACA você encontrará reparo para lataria e pintura a cargo de conceituados profissionais: psicólogos, médicos, dermatologistas, cirurgiões plásticos, *personal trainers*, estilistas, experts em corte e pintura, manicures, podólogos e massagistas.

*Meu marido de dia está aceleradíssimo e de noite falta potência. Não sei se fazemos uma terapia de casal ou se peço auxílio mecânico.*

- Com aparelhos de última geração revisarão os seus *pneus* e os calibrarão, ao encontrarem-se baixos ou vazios.
- Fixarão o seu *pára-choque traseiro* se estiver caído.
- Regularão os seus amortecedores para que se movam adequadamente quando estiver em movimento e tenham um andar suave, insinuante e balanceado.

- Verificarão o seu velocímetro para detectar se você está acelerada, lenta ou fora de ponto.
- Ajustarão os seus freios para que os utilize no momento necessário.
- Controlarão a sua caixa de cambio e a direção para que você consiga mudar a marcha quando esta não te satisfizer.
- Verificarão o sistema de ventilação para evitar que você esquente demais ou que se sinta sufocada.

O ACA dispõe de uma "auto-escola da vida" que inclui um curso teórico-prático para que você perceba e interprete os sinais que se apresentam no caminho:

- Para que você circule com cuidado em pistas escorregadias.

- Para que não tenha medo diante de ladeiras.

- Para que aprenda a frear e se ponha a pensar antes de agir quando vir luzes vermelhas.

- Para que passe com segurança e sem inibição diante das luzes verdes.

- Para que não estacione em áreas de acostamento ou estacionamento, nem dirija por curvas perigosas ou caminhos sem saída.

- Para que nunca pare em fila dupla e saiba buscar e encontrar o lugar que te corresponde na vida.

Consulte a agência ACA mais próxima da sua residência. Associe-se.

Não cobramos matrícula nem cotas menstruais.

## Segredos e mentiras. Não enlouqueça

Você pinta o cabelo, usa corpetes mágicos, meias-calças redutoras e lenços no pescoço. Mas atenção: de nada valem seus esforços para agarrar-se à juventude se você descuida um detalhe que delata a sua data de elaboração. Jamais admita ter conhecido:

A Bidú
A letra P que indicava a parada do trem
O lança-perfume
As fantasias da "Casa Lamota"
As frieiras
As calças para fazer ginástica
As batas de lã
A gola piquê para usar debaixo do uniforme
A cânfora, as ventosas, o óleo de rícino
O sen-sen*
O batom Tangee
Ter ido ao pedicuro, não ao podólogo
Ter perguntado: Você está animada?
Ter exclamado: Você está tantã!

## Caixa de primeiros socorros para cinqüentonas

Para possíveis emergências geracionais é muito importante ter à mão uma caixa de primeiros socorros bem sortida. Pode guardá-la na mesa de cabeceira, na bolsa ou na mala do carro junto com o guarda-chuva desbotado, o colete de "se por acaso" e os mocassins de reserva.

## Equipamento básico de sobrevivência

- Algum ex-namorado que te leve para passear de vez em quando.

---

* Trata-se de uma marca de pastilhas de alcaçuz comercializadas na Argentina na década de 50 (N.T.).

- Um amigo dos de ferro para as emergências.
- Uma amiga do peito que escute as suas confidências e te chame a atenção quando for necessário.
- Algum objeto desses que amamos por estarem velhos e gastos.
- Algum vestido que te faça sentir uma rainha em dez minutos.
- Um grupo de amigas e amigos divertidos.
- Dez bons argumentos para quando tiver que dizer que não.
- Um olhar claro que diga sim quando é sim e não quando é não.
- A capacidade de parar e estar só quando tiver que encontrar a si mesma.
- A possibilidade de pedir ajuda quando precisar.
- Bastante dinheiro para se sentir independente.
- Uma agenda com os aniversários das pessoas de que você gosta.

## Dicionário de emergência que não deve faltar na caixa de primeiros socorros

Como a primeira impressão é muito importante, empregue os termos correspondentes à época que você está vivendo. Não diga nada sem usar as seguintes expressões:

Transar, se amarrar, babaca, qual é?, estar produzida, cara, *fashion*, doidaço, me amarro, falou!, güenta aí! e o superlativo pra tudo.

Para facilitar a sua comunicação com gerações mais jovens te damos alguns exemplos:

"Quando quis transar com Carlos, que é amarradaço em mim, fiquei putaça de ver que a babaca da Marita, que não é nada *fashion*, quis se meter no meio. Eu que sou safa pensei, qual é? Que faça o que quiser, eu sei que sou lindona quando estou produzida e que vai escolher a mim."

"Cara, güenta aí que te digo a real. Não saquei porque tu não rala o peito, tu tá chapadaço. Pára ou te dô uma porrada."

## Tendo feito tudo o que foi dito, você continua sentindo que necessita de um grupo de apoio?

Curiosamente, existem ajudas de todo o tipo como a Vigilantes do Peso, cursos para deixar de fumar, beber ou jogar, mas em um tema tão transcendental como a cinqüentona ainda não surgiu nada. Um grupo de apoio faria você se sentir controlada durante esta etapa. Visto que não existe, tentaremos supri-lo com uma série de utilíssimos conselhos de auto-ajuda, totalmente vigentes na era de Aquário. Desta forma, você poderá percorrer os cinqüenta por sua conta.

- Pare diante do espelho e repita vinte vezes não importa, não importa, ainda sou jovem e linda.
- Se você tem os cabelos em estado de total rebeldia interior, não se preocupe, já voltarão ao estado natural depois do *brushing*.
- Se se vê no espelho de calça e sutiã e parece que é vitima de um ataque mortal de gordura, lembre que os "não importa, um pouquinho mais, me dá outro pedacinho, pequenininho, eh", dos últimos seis meses estão ali. E que fechando a boca nos próximos dias você pode melhorar a situação. Se você tiver sorte, um dia desses entra na moda a dieta do ovo frito com bacon.

- Decida cortar pela raiz: saia para caminhar, faça flexões e abdominais. (E não volte depois das três primeiras quadras, siga mesmo que te doa tudo e pareça que você está acabada para sempre).
- Convença-se de que se você não fizer os exercícios de noite porque vai fazê-los de manhã e de manhã se lembra dos exercícios quando está na porta com a bolsa e as chaves na mão é pouco provável que um dia acorde com o corpo da Jane Fonda.
- Não se aborreça com o "maldito arquiteto que quis revestir o banco da esquina com espelhos". Ele não tem culpa.
- Pratique técnicas de pensamento positivo e visualização e repita: "O dia é belo, o sol brilha, eu também". Sinta como você se enche de luz pelas rugas da testa e pelos pés de galinha.
- Lembre-se do que foi passar pelos cinqüenta anos do seu marido. Pelo menos você não vai ficar calva e se fizer abdominais suficientes o seu perfil vai ser melhor do que o dele.

Capítulo 6

# Cinqüentonas do final do milênio

# Próximo de 2000

*Quem não foi mulher*
*nem trabalhador*
*pensa que o passado*
*foi um tempo melhor.*
María Elena Walsh[23]

Não podemos esquecer de dizer, em um tratado desta importância, o que significa ser cinqüentona no final do segundo milênio.

Somos sobreviventes, como dizia uma carta que nos chegou faz alguns anos. Nascemos antes da televisão (líamos), dos cartões de crédito (sabíamos manejar o dinheiro e economizar), do fax (desfrutávamos da chegada do carteiro). Também usávamos óculos em vez de lentes de contato, cintas-liga no lugar das meias-calça e lavávamos os pratos com sabão porque não tínhamos detergente.

Finalmente, aqui estamos, rodeadas de inovações e com saudades do bairro, da amizade com os vizinhos e dos bondes. Saímos da modernidade para chegar a esta pós-modernidade que não entendemos muito bem. Aprendemos que tudo tem que ser *light* para pesar na opinião e que mais do que informadas estamos superinformadas de muitos dados que não servem para nada. Nos demos conta de que a vida se escreve somente no borrador. Agora aprendemos que também se pode submetê-la a um *zapping**.

---

[23] *Quien no fue mulher / ni trabajador / piensa que el de ayer / fue um tiempo mejor.* (*Orquesta de Señoritas, Las canciones*, María Elena Walsh, Seix Barral, Buenos Aires, 1996.)

* *Zapping* é um termo intraduzível que é utilizado para denominar a ação de mudar constantemente os canais da televisão sem se fixar em nenhum deles (N.T.).

Descendemos de mães acostumadas a agüentar opressão e ordens, que viveram convencidas de que o papel dos homens era protegê-las e mantê-las. Tranqüilas com seus destinos, sujeitas a poucos questionamentos e propensas, como diz Gabriela Acher, a "criticar mais do que a aprovar"[24] os seus filhos. Quando tudo mudou, as estruturas deixaram de nos sustentar e sem saber bem como, passamos a ser o presunto do sanduíche geracional entre essas mães resignadas e mandonas e nossas filhas contestadoras.

Texto para meditar e visualizar

**Diferenças entre nós e nossas mães**

Nossas mães podiam...

- Não se sentir culpadas se não quisessem estudar ou seguir uma carreira.
- Fazer o mesmo que tinham feito suas mães e sentir que isso servia.
- Ser muito mais volumosas (ou gordas, bah) do que nós.
- Não competir com suas filhas pela realização pessoal.
- Envelhecer tranqüilas, sem pretender ser eternamente jovem e a qualquer preço.
- Ter mães, avós, tias solteiras que as ajudaram com a casa, com o marido e com os filhos (porque elas, por sua vez, não sonhavam em estudar e ter uma carreira).

---

[24] Atriz e autora de *La guerra de los sexos está por acabar... con todos*, Sudamericana, Buenos Aires, 1998.

- Ter uma ajudante paga acessível e basicamente confiável (porque suas empregadas não estavam fazendo o supletivo à noite ou cursos de cabeleireira e, além disso, não podiam se distrair vendo TV).
- Passar o verão relaxadas jogando canastra ou fazendo doces em vez de ficarem cianóticas dedicando-se a encolher a barriga, uma temporada a mais, dentro do traje de banho de duas peças.
- Ter maridos que exigiam pouco sempre que elas se ocupassem eficientemente da casa e dos filhos. Mesmo que fosse só para poder ter outra vida mais animada em outra casa.

A esta geração pertenceram os últimos espécimes de machos fortes. Os que não deviam se acovardar ou chorar, os que tinham que se ocupar da subsistência econômica, mas não da afetiva. Os que contaram os anos de matrimônio em dobro, como se se tratasse de um trabalho insalubre e que foram formados para substituir uma de cinqüenta por duas de vinte e cinco, mesmo que não tivessem vontade.

Os que enlouqueciam as suas mulheres com palavras contraditórias dizendo-lhes: "Você vai sair com isso?" ante uma blusa decotada de renda transparente para depois ficarem estrábicos e babões diante das muitas mulheres com blusas de renda decotadas e transparentes.

A esta geração corresponderam homens que chegaram tarde a muitas coisas que seus congêneres quinze ou vinte anos mais jovens desfrutam sem complexos: a paternidade, o manejo da casa e da cozinha, a divisão das contas. Mulheres que aprenderam a consertar as torneiras e trocar as lâmpadas viveram ao lado de homens incapazes de encontrar um copo ou suas próprias meias. Homens que muitas vezes perderam os melhores momentos de seus filhos, porque acreditavam que criá-los era coisa da mãe e que trabalhar de sol a sol para pagar as contas bastava, apenas começam a descobrir o que não se permitiram, o que perderam.

Só nos resta felicitarmo-nos, meninas. Por sorte, sem ser de plástico indestrutível, logramos transitar por nossas vidas sem estourar várias vezes em pedaços pela soma de exigências e pela exigência das demandas de vários mundos difíceis de conciliar.

## Mas esta etapa e esta época têm seus benefícios

- Você pode colocar calças claras qualquer dia do mês, vestidos brancos também.
- Mesmo se divertindo muito não engravida.
- As revistas femininas te impelem a desfrutar do sexo, sem importar a sua idade ou estado civil.
- Não tem que decidir ter ou educar filhos, pode malcriar netos.
- Pode desfrutar mais do que nunca com o seu grupo de amigas.
- Pode dizer "não quero" quando não quer (mesmo que seja ao cabeleireiro para que não corte demais).
- Pode falar por si mesma sem que ninguém te aponte ou critique. Para isto você já é considerada suficientemente madura (o que não é o mesmo que velha).
- Já sabe o que quer ser quando crescer.

- Pode pensar em outras atividades para quando se aposentar.
- Tem pela frente um montão de anos todinhos para você, para fazer o que quiser (não se aceitam desculpas).
- A solidão pode assustá-la, mas já não te dá pânico.
- O Viagra e outros produtos se erguem, literalmente, como alívio ou solução de situações incômodas.
- Pode ter amigos e até encontrar um namorado pela Internet.
- Se você gosta de ser má, pode. Já sabe que vai chegar a todos os lugares.

## NADA SE PERDE, TUDO SE TRANSFORMA

Uma contribuição positiva de Nélida H.

"Fazendo um balanço vejo que a cada ano me transformo, com um quilo a mais de peso, com um centímetro a menos de altura. Um pneu que aparece, um dente que se vai, mais cãs e menos cabelo, se esqueço algumas palavras compenso porque repito, pele de pêssego por pele de laranja, firmezas e tensões se equilibram com flacidez e fraqueza. Nada se perde, amiga, tudo se transforma.

A natureza é mulher. Por isso é tão sábia."

*Não é que repita e repita o que digo. Eu cito a mim mesma.*

Texto par meditar e visualizar

"Se você espera o amanhã, o amanhã chega. Se não espera o amanhã, o amanhã chega", diz um provérbio senegalês.

Agora é o momento de fazer tudo o que tinha guardado em uma pasta que diz "SONHOS" e de guardar a pasta "OBRIGAÇÕES". Para escutar a si mesma, para fazer o que realmente te dá vontade, para embelezar o seu "lado interior". Bem vinda ao terceiro milênio, irmã.

Nota: Se ainda não sabe o que fazer, espere até saber por si mesma. Não deixe que voltem a te dizer o que você tem que fazer.

## Teste final

Seus resultados são a prova do aproveitamento deste manual.

Nos vemos obrigadas a esclarecer que este teste ainda está sujeito à aprovação das organizações científicas correspondentes.

Se além das ondas, dos ciclos e das modas,

- cada dia que passa se recorda mais de sua infância
- gosta de se encontrar com colegas de colégio para rir como louca
- tornou-se mais tolerante com os problemas dos outros
- está mais impaciente com aqueles que te fazem perder tempo
- não faz mais dramas por bobagens cotidianas e rechaça a preocupação indefinida
- desfruta a fundo de todos os bons momentos
- não tem dúvidas de que não se deve deixar oxidar os sonhos
- acredita que quando uma oportunidade se aproxima da sua porta tem que convidá-la para entrar
- tem certeza que "se aos cinqüenta não te dói algo é porque está morta"
- aprendeu que quando você está muito bem a sua cara tem que demonstrar
- entendeu que o seu cabelo vai continuar sendo liso ou enrolado para sempre
- percebe que para ser feliz tem que ajudar os outros
- está disposta a viver sua vida de acordo com o princípio do prazer
- sabe que se se responsabilizar pela sua vida não vai ter em quem colocar a culpa

- já não procura o Príncipe Encantado nem a um deus porque sabe que o real está mais próximo de um semideus com sua boa parte de burguês mortal
- já não acredita que quando ficar noiva/juntar/casar ele vai mudar
- já não acredita que quando ficar noiva/juntar/casar vai gostar dos defeitos dele
- descobriu o veio egoísta, malcriado ou narcisista de uma pessoa enquanto diz suas primeiras três palavras
- assumiu que não pode passar o resto de sua vida preocupada com o que possa acontecer com os seus filhos
- não nega a sua intuição nos momentos decisivos
- se cerca de pessoas que gostam de você e se afasta daqueles que tem mal humor
- acredita que é importante ser agradecida
- anima-se a fazer coisas loucas com entusiasmo
- sabe que "ser feliz é uma maneira de ser sábia", como disse Colette
- entende que "não há nenhum vento favorável para quem não sabe a que porto se dirige", como disse Schopenhauer
- acredita que "não é responsável pelo sentido ou pela falta de sentido da vida, mas que é responsável pelo que faz com sua própria e única vida", como disse Hermann Hesse
- deu-se conta de que "perder o tempo é lastimar a eternidade", como dizem os orientais...

... você é cinqüentona. E ESTÁ SÃ, MUITO SÃ, IRMÃ.

# Epílogo

Se a mudança de milênio pode chegar a ter algum benefício é que favorece momentos de reflexão. Este livro é dedicado, de todo coração, às mulheres que entenderam como funcionam as coisas. Mas muito mais às que não o entenderam. A elas esperamos que tenha se acendido uma luzinha em algum lugar. A elas queremos dizer, explicitamente, que tratem de entender os homens que muitas vezes parecem muito fortes e boicotam os projetos de suas mulheres, por mais que gostem delas. Eles também pertencem à geração do "Mim Tarzan, tu Jane" e foram obrigados desde sempre a passar a imagem de fortes e a não serem superados, enquanto nós éramos condicionadas para conciliar, ceder e servir. Para "levantar-nos para pegar o sal, para deixar-nos amedrontar e ameaçar, para minimizar nossos logros, para tremer com o fantasma da solidão", nas palavras de Clara Coria.[25] Então por temor, não por força, nos oprimiram. E nos assustaram, e nos semearam a insegurança e nos baixaram a auto-estima. Mas algumas nos demos conta. E possivelmente essas mesmas, sem sermos feministas nem nada, simplesmente a partir de nossas casas, nossas cozinhas, nossos trabalhos, sentimos que não é justa uma sociedade na qual a metade das pessoas manda para que a outra metade obedeça. É hora de uma metade, a delas, se dar conta maciçamente, como a senhora do conto Encontro no Café, que a outra metade, a deles, está tanto ou mais assustada. Escondida, isso sim, dentro dessa incômoda couraça que forma parte de suas peças de fábrica e que, além disso, não lhes permite chorar.

---

[25] *Las negociaciones nuestras de cada día*, Clara Coria, Paidós, Buenos Aires, 1996.

A melhor saída, como sempre, é o humor. Porque a frustração e a raiva fazem adoecer.

Mulheres de cinqüenta, vivam, desfrutem, riam.

# Bibliografia

Se te interessa aprofundar os temas tratados neste manual sugerimos que você consulte as mesmas fontes que respaldaram o nosso trabalho.

- O cabeleireiro da esquina.
- O vestiário da academia.
- O chá beneficente anual do clube.
- O aniversário de Sara.
- O aniversário de Alicia.
- O casamento da filha da Mônica.
- O quiosque da praia.
- As férias de inverno em Mendoza e Bariloche.
- A sala de espera da Dra. Z.
- A partida de buraco na praia.
- A caminhada e o ulterior café em Palermo.
- A fila no banco.
- A reunião anual de ex-alunas do segundo grau.

ÁLBUM DE RECORDAÇÕES
DOS MEUS PRIMEIROS 50 ANINHOS

*Distingo os números!*

*Meu primeiro par de óculos.*

*Coleciono selos.*

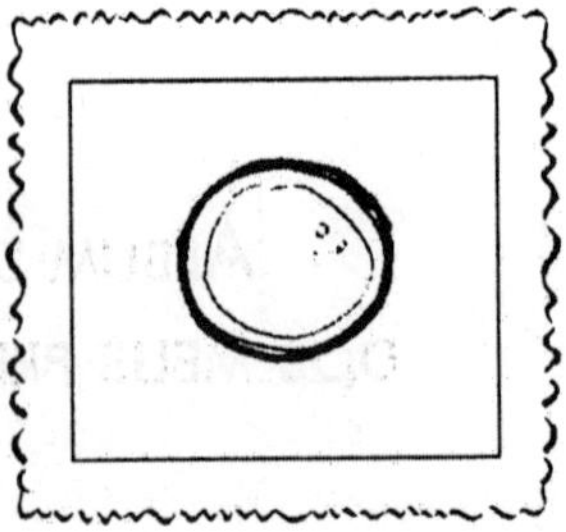

*Meu primeiro emplastro de hormônios.*

*Caminho sozinha (e comodamente).*

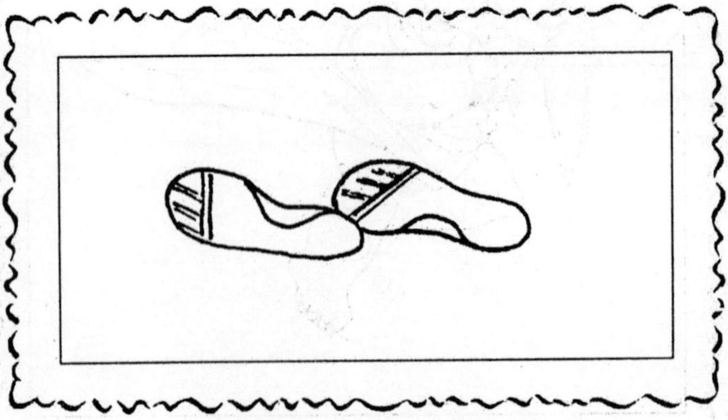

*Minhas primeiras palmilhas.*

*Já posso ler!*

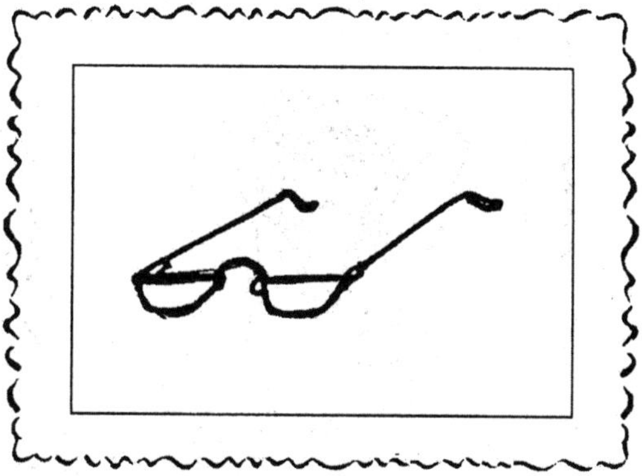

*Meu primeiro par de óculos "de perto"*

*Meu primeiro pingente.*

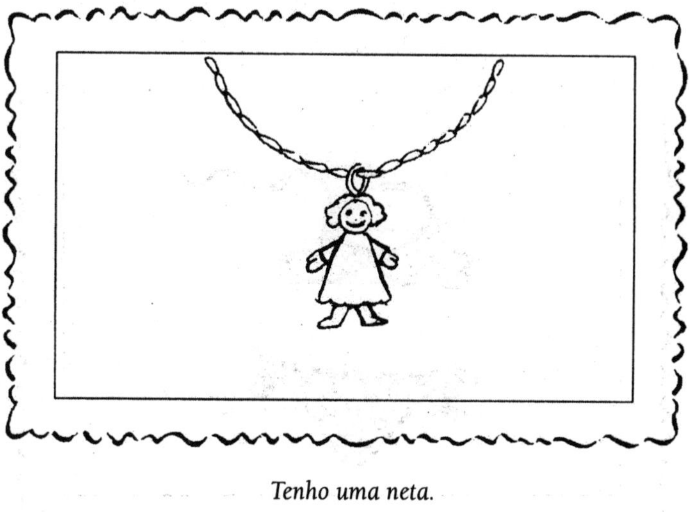

*Tenho uma neta.*

*Já sei pintar!*

*Pinto os cabelos brancos.*

*Vou à praia!*

*Meu último traje de banho de 2 peças.*

*Já deixei as fraldas*

*Última caixa de absorventes.*

*Meu grupinho.*

*Minhas companheirinhas do curso de pintura sobre madeira.*

*Meu peso.*

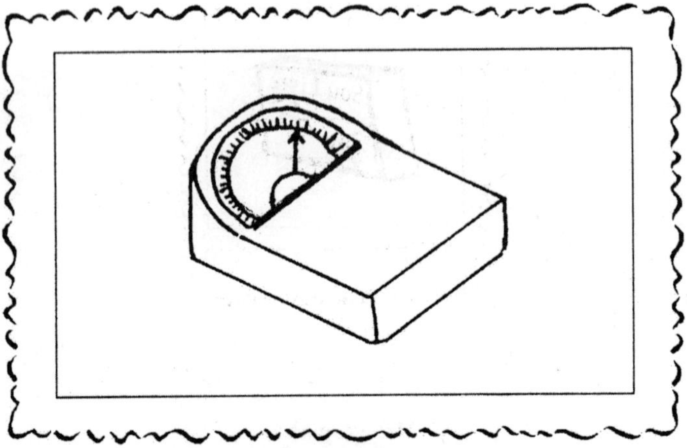

*Engordei um quilo!*

*Meço minha altura.*

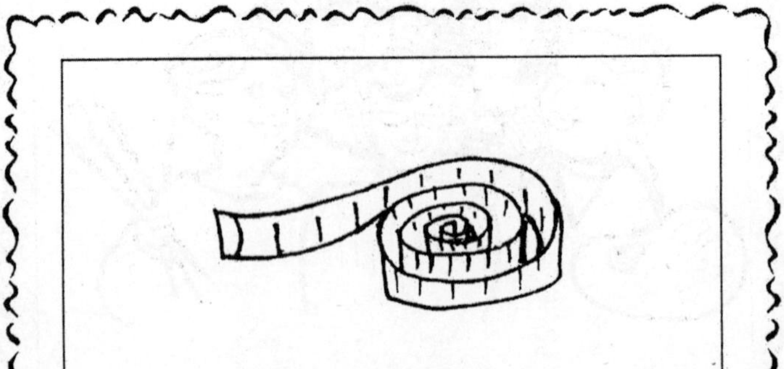

*Diminuí um centímetro!*

Companhia de Freud
editora

## OBRAS PUBLICADAS

Psicanálise e Tempo
*Erik Porge*

Psicanálise e Análise do Discurso
*Nina Leite*

Letra a Letra
*Jean Allouch*

Mal-Estar na Procriação
*Marie-Magdeleine Chatel*

Marguerite ou "A Aimée" de Lacan
*Jean Allouch*

Revista Internacional nº 1
A Clínica Lacaniana

A Criança na Clínica Psicanalítica
*Angela Vorcaro*

A Feminilidade Velada
*Philippe Julien*

O Discurso Melancólico
*Marie-Claude Lambotte*

A Etificação da Psicanálise
*Jean Allouch*

Roubo de Idéias?
*Erik Porge*

Os Nomes do Pai em Jacques Lacan
*Erik Porge*

Revista Internacional nº 2
A Histeria

Anorexia mental, ascese, mística
*Éric Bidaud*

Hitler – A Tirania e a Psicanálise
*Jean-Gérard Bursztein*

Littoral
*A Criança e o Psicanalista*

O Amor ao Avesso
*Gérard Pommier*

Paixões do Ser
*Sandra Dias*

A Ficção do Si Mesmo
*Ana Maria Medeiros da Costa*

As Construções do Universal
*Monique David-Ménard*

Littoral
*Luto de Criança*

Trata-se uma Criança – Tomos I e II
*Congresso Internacional de Psicanálise e suas Conexões – Vários*

O Adolescente e o Psicanalista
*Jean-Jacques Rassial*

— Alô, Lacan?
— É claro que não.
*Jean Allouch*

A Crise de Adolescência
*Octave Mannoni e outros*

O Adolescente na Psicanálise
*Raymond Cahn*

A Morte e o Imaginário na Adolescência
*Silvia Tubert*

Invocações
*Alain Didier-Weill*

Um Percurso em Psicanálise com Lacan
*Taciana de Melo Mafra*

A Fantasia da Eleição Divina
*Sergio Becker*

Lacan e o Espelho Sofiânico de Boehme
*Dany-Robert Dufour*

O Adolescente e a Modernidade – Tomos I, II e III
*Congresso Internacional de Psicanálise e suas Conexões – Vários*

A Hora do Chá na Casa dos Pendlebury
*Alain Didier-Weill*

W. R. Bion – Novas Leituras
*Arnaldo Chuster*

Crianças na Psicanálise
*Angela Vorcaro*

O Sorriso da Gioconda
*Catherine Mathelin*

As Psicoses
*Philippe Julien*

O Olhar e a Voz
*Paul-Laurent Assoun*

Um Jeito de Poeta
*Luís Mauro Caetano da Rosa*

Estética da Melancolia
*Marie-Claude Lambotte*

O Desejo do Psicanalista
*Diana S. Rabinovich*

Os Mistérios da Trindade
*Dany-Robert Dufour*

A Equação do Sonhos
*Gisèle Chaboudez*

Abandonarás teu Pai e tua Mãe
*Philippe Julien*

A Estrutura na Obra Lacaniana
*Taciana de Melo Mafra*

Elissa Rhaís
*Paul Tabet*

Ciúmes
*Denise Lachaud*

Trilhamentos do Feminino
*Jerzuí Tomaz*

Gostar de Mulheres
*Autores diversos*

Os Errantes da Carne
*Jean-Pierre Winter*

As Intervenções do Analista
*Isidoro Vegh*

Adolescência e Psicose
*Edson Saggese*

O Sujeito em Estado Limite
*Jean-Jacques Rassial*

O que Acontece no Ato Analítico?
*Roberto Harari*

A Clínica da Identificação
*Clara Cruglak*

A Escritura Psicótica
*Marcelo Muniz Freire*

Os Discursos e a Cura
*Isidoro Vegh*

Procuro o Homem da Minha Vida
*Daniela Di Segni*

A Criança Adotiva
*Nazir Hamad*

Littoral
*O Pai*

O Transsexualismo
*Henry Frignet*

Psicose, Perversão, Neurose
*Philippe Julien*

Como se chama James Joyce?
*Roberto Harari*

A psicanálise: dos princípios ético-estéticos à clinica
*W.R. Bion – Novas Leituras*

O significante, a letra e o objeto
*Charles Melman*

O complexo de Jocasta
*Marie-Christine Laznik*

O Homem sem Gravidade
*Charles Melman*

O desejo da escrita em Ítalo Calvino
*Rita de Cássia Maia e Silva Costa*

O Dia em que Lacan me Adotou
*Gérard Haddad*

IMPRESSÃO

GRÁFICA MARQUES SARAIVA
Rua Santos Rodrigues, 240 - Estácio / RJ
Telefax: (21) 2502-9498